Matteo Meschiari

Antispazi
Wilderness Apocalisse Utopia

Pleistocity Press

Prima edizione agosto 2015
ISBN 978-1516944620
© 2015 Matteo Meschiari per il testo e l'immagine di copertina.
www.pleistocity.com
www.pleistocity.blogspot.com

Pleistocity Press, di Maurizio Corrado e Matteo Meschiari, è un marchio
di stampa indipendente.

Printed by CreateSpace, An Amazon.com Company.

In copertina: M. Meschiari, *Meeting Milo*, 2013.

«They knew the motion but not the laws! It's like this, if the gravitational field and the electromagnetic field are two sides of one and the same property of matter and if space is a function of gravitation, then the function of the electromagnetic field is antispace. The transition from one to the other yields the vector shadow function, zero space, which is known in everyday language as the speed of light. I believe it to be possible to achieve zero space in any direction. Mven Mass wants to visit the planet of Epsilon Tucanae—it's all the same to me as long as I can set up the experiment! As long as I can set up the experiment!».

Ivan Efremov, *Andromeda*, 1957

Indice

Fuck the Real

Ho cercato la salvezza nell'utopia e ho trovato
un po' di consolazione soltanto nell'Apocalisse.

Emil Cioran

Due ore passate nelle paludi di Groton e il villaggio di Estill,
Hampton County, South Carolina, sembra il mondo degli uomini dopo gli organi senza corpo di Lascaux: sali la scala di me-
tallo, la porta blindata si apre, hai nei polmoni il liquido amniotico della grotta. Poi esci, ti bruci le sinapsi nel lampo dell'aria:
il colore alieno dell'erba, il verso acido dei trattori nei campi.
Allora ti viene voglia di uno specchio per vedere se veramente
ci sei: l'imbarazzo anacronistico dei vestiti, il vuoto della voce.
Ti guardi attorno, cerchi con nostalgia quei cavalli, quei bisonti
dipinti che invece sono rimasti laggiù. Ma no. Sei in Francia. O
a Estill. E tutto quello che non vorresti vedere è là, attorno a te:
le ford coperte di polvere, la torre arrugginita dell'acqua, il negozio di liquori dove stai per entrare con un uomo che ti dice
prendiamo il bourbon e andiamo. Ok, prendiamo il bourbon,
andiamo. Ma fuori c'è lui. Per terra c'è un nero che si è pisciato
nei pantaloni, candito dalla miseria. Quarant'anni, o venti, le
spalle voltate a tutto, la fronte contro il muro intonacato. In
mano ha una bottiglia di MD 20/20 in cui ristagna un liquido
azzurro-fluo. Per un attimo scivolo in quel colore che non esiste, che sputa in faccia al vero della palude come un nano da
giardino sulla cima del Cerro Torre. L'uomo sta parlando all'in-
tonaco. Si dondola come un animale nella gabbia di uno zoo.
Ripete sempre quella frase: *fuck the real, man, fuck the real*. Noi
andiamo. Torniamo nella palude.

L'MD 20/20 è un *flavored fortified wine* che col vino non c'entra niente. Nel lessico urbano è il Mad Dog, l'alcol dei barboni, dei ghetti neri, delle periferie depresse, sugli scaffali è una bottiglia di liquido dolciastro che oscilla tra i 13 e i 20 gradi alcolici. Colori artificiali, gusti artificiali, prezzi artificiali. L'azzurro-fluo corrisponde al *blue raspberry*, costa 3 dollari e 99 per 75 cl e poco meno del doppio per un litro e mezzo. Il suo morso arriva dritto al cervello, è rapido, ne basta poco. Bevine un po' di più e prendi il tè con William Burroughs e Strawberry Shortcake. Si fa fatica a immaginare un'icona commerciale migliore dell'MD 20/20 per rappresentare il disinibitore di Heidegger. Il colore, non l'alcol, innesca l'antimacchina antropologica che porta l'uomo allo stordimento animale. Bere l'innaturale ultimo, farsi sfrattare da un azzurro-fluo, è la soluzione finale di una tecnica di autoallevamento: come la zecca di Uexküll, l'uomo si lascia cadere sul Mad Dog e, completamente assorbito dall'assorbire, dimentica le paludi delle origini e della fine.

Quel pomeriggio ero a Groton per andare nella Wilderness. La vecchia piantagione sudista è oggi una riserva di caccia. Secondo alcuni è uguale a com'era prima dell'arrivo degli Spagnoli. Soprattutto le paludi. Cipressi d'acqua, alligatori, un brodo biologico che macera dal primo Olocene esperimenti di vita e di morte. La gente come me, quelli che stavano con me, ci vanno qualche volta con fucili e giacche mimetiche per cacciare cervi e maiali selvatici, per ritornare a Lascaux. Ma incontrare a Estill l'Uomo di Maddog, cioè noi Occidentali nel tempo poststorico, mi ha fatto capire che la Wilderness non è più un ritorno al selvatico o a una fetta di natura intatta, ma uno spazio inventato che volta le spalle al reale. In inglese *the Real* vuol dire molte cose, ad esempio "mondo spirituale indipendente" o "ciò che è autentico e immutabile rispetto all'universo dell'esperienza" o "l'assoluto contrapposto alla realtà sensibile", tutti oggetti che non potevano appartenere al corredo funerario dell'Uomo di Maddog. Le declinazioni di Lacan e di Žižek ancora meno. Dunque quel giorno avrò capito male. Nelle consonanti impastata dall'alcol la frase doveva essere *fuck the deal*, o *fuck the meal*, o *fuck the weal*. Forse. O forse no.

Utopia *vs* realtà, reale *vs* immaginario, realtà *vs* reale, autentico *vs* fasullo, essenza *vs* esperienza, vero *vs* verisimile. Utopia = fasullo, realtà = immaginario (se contrapposta al reale), reale = essenza (se contrapposto alla realtà). E ancora: se la realtà è immaginaria rispetto al reale e l'utopia è immaginaria rispetto alla realtà, allora la realtà è in qualche modo utopica, l'utopia è in qualche modo reale? Se il reale è autentico e l'utopia si oppone alla realtà, allora il reale è in qualche misura utopia? Davvero? Vuoi proprio saperlo? *Fuck the Real, man!* Solo per alcuni filosofi "reale" e "realtà" sono parole distinte. Basta eliminare il terzo intruso e tutto diventa più semplice, di una brutalità binaria, quella che per vie biologiche e sociobiologiche ha permesso a *Sapiens sapiens* di trionfare. Semplice, o quasi: inventiamo uno spazio fisico o mentale e con esso il suo *antispazio*, montiamo un mondo d'immagini e il suo antimondo, con sovrapposizioni speculari inesatte, con articolazioni dialettiche imperfette, per lasciare delle zone opache che alimentino credenza e dubbio. Dalla credenza il dubbio, e viceversa. Antispazi come principi ortopedici, come casse di risonanza o *alter ego* asimmetrici in cui scandagliare le zone d'ombra. Esempio: nel nordest del Tennessee il sottoproletariato bianco prostituisce i propri figli per potersi comprare flaconi di antidolorifici. Ma quando la notizia di cronaca diventa un racconto metropolitano nella bocca della borghesia bianca, quando il *white trash* serve per definire *a contrario* il *white style*, siamo in presenza di un'icona che registra l'insorgere di un antispazio: una classe in crisi identitaria e l'apparato iconico sommerso che la aiuta a ritrovarsi o consolarsi. Allo stesso modo ci piace dire che la Materia è realtà e illusione, che Dio è verità e menzogna, che il Mondo è percettibile e intelligibile, che c'è una Gerusalemme terrestre e una celeste, che esistono utopie reali e realtà utopiche, che la Wilderness è nel nostro giardino e che l'Apocalisse è adesso. Dato uno spazio del pensiero, è sempre il suo antispazio a dargli consistenza e validazione, una falsa complessità e un'opprimente simmetria cognitiva, una macchina inferenziale geneticamente codificata che proprio perché inconsapevole, ineludibile, ineluttabile, costituisce il terreno privilegiato del fare biopolitico, soprattutto quando la biopolitica sceglie di *fare* cultura.

Queste pagine esplorano tre antispazi artificiali che l'anti-macchina antropologica sta utilizzando come MD 20/20 nella poststoria occidentale. Wilderness, Apocalisse e Utopia sono paradigmi cognitivi antichi come Lascaux, ma sono anche delle tecniche culturali di massa per produrre la nuda vita dei popoli. Gli antispazi sono "anti" nel senso che, come l'Uomo di Maddog, voltano le spalle a un mondo che sembra voltarle a noi, ma sono "anti" soprattutto perché funzionano da anticamera verso qualcosa che non c'è, vestiboli di attesa e sospensione consolatoria, celle vuote che chiamiamo *Natura Selvaggia, Rivelazione Ultima, Mondo Nuovo*. Da un lato sembrano criticare la civiltà urbana neolitica e capitalista (Wilderness), un presente che non si è in grado di leggere e fronteggiare (Apocalisse), un sistema culturale e sociale che non funziona come vorremmo (Utopia); dall'altro alimentano lo *status quo* proponendosi come alternativa *visuale* alla grande noia. Nella Wilderness si annida infatti l'idea che, per quanto male le si possa fare, la Natura comunque e sempre ce la farà; l'Apocalisse è l'incubo catartico e rivelatore, una *tabula rasa* virtuale per farci tornare al presente con rinnovata fiducia nel progresso; l'Utopia è la speranza che un domani la mamma che è sepolta in noi ci darà finalmente la marmellata. Da un lato, insomma, sono potenti endorfine sociobiologiche, dall'altro sono delle indispensabili epopee dell'immaginario, dei monumenti di neve agostana a Peter Pan e al concetto di Cultura.

Questo libro, che parla soprattutto d'immagini, degli antispazi in cui galleggiano e di animalità, vuole mettere un po' di sabbia negli ingranaggi. Per farlo osserva l'invenzione di un altro(ve) qui/oggi (nelle pagine di sinistra) e di un suo esserci sempre stato là/ieri (nelle pagine di destra). Da un lato una serie d'icone attuali (che sono sempre più il nostro qui automatico), dall'altro il passato prossimo dell'Occidente (che è sempre

meno il nostro là vocazionale). Com'è ovvio e irresponsabile
che sia, le pagine di sinistra e di destra si commentano a vicenda, ma in un modo così trasversale, così sbrigativo, che il lettore potrà leggere le une e guardare le altre come due libri auto-
nomi. Faccia come vuole: per quanto si sforzi di scegliere, il
suo antispazio lo seguirà ovunque.

Athens | Modena 2015

(Nota alle immagini)

Mi siedo per terra, piano, senza guardarlo negli occhi. Sarà etologia da *blockbuster*
(*Instinct, Gorillas in the mist...*) ma funziona: il maschio si avvicina, si mette seduto
contro il cristallo, si sistema proprio contro di me. Allora i visitatori dello zoo
fanno "oh" e scattano fotografie. Poi una bambina si stacca dal gruppo, corre
verso l'animale e batte la mano sul vetro. Il gorilla si volta, la guarda. Io alzo lo
smartphone sopra la spalla e scatto senza inquadrare: è la copertina del libro. Certo,
la fotografia è rifilata, contrastata, scaldata quanto basta, ma è lei, niente Photoshop, solo fortuna. Le immagini nel libro invece sono scaricate da internet, sono
brutte, a bassa definizione, pasticciate per sganciarle dal copyright, per farle diventare delle icone-teorema omogenee, un microatlante del ritratto pop in rete.
Oggi la bassa definizione è una falsa rappresentazione della fretta, del *cheap &*
low, e contemporaneamente è un linguaggio estetico. Un antispazio, forse, dove
byte, tif e *dpi* sono nuove coordinate ontologiche per rassodare o dissipare l'identità dell'utente visuale. Quindi le immagini nel libro sono diverse dallo scatto in
copertina? Non penso. Lo scatto in copertina s'intitola *Meeting Milo*. Ma chi è Milo? La Bambina? Il Gorilla? Il piccolo Spettatore riflesso nel vetro all'altezza del-
l'occhio dell'animale? Nessuno dei tre. Milo era il mio cane, che è morto due anni
fa. Come diceva Blanchot a proposito del «morire più profondamente», «quando
tutto scompare nella notte, "tutto scompare" appare». Così le immagini di *Anti-*
spazi sono lacune. Sono quello che, nell'era della fotografia analogica, erano il bagno di sviluppo e di arresto. Non l'esito finale o il processo, ma il reagente, il
viandante notturno che arriva, siede in penombra, e racconta.

Origini

Pleistocene attuale

The missing head of Karabo Sediba

Andreas Beyer sostiene che ci vuole «uno specifico sistema epistemologico affinché la superficie costituita dal volto» venga «scoperta come strumento primordiale per "leggere" l'apparenza fisica come "testo che significa l'anima"». Il volto è quindi una «superficie che dà adito all'invisibile». In questo senso il ritratto è un'ombra, prende il posto vuoto dell'assente, è il ritratto di una lacuna, di un incontro impossibile dove la separazione non è data dalla *distanza* nello spazio o nel tempo, ma dall'*interruzione* del corpo, da uno iato tra soggetto osservato e soggetto osservante che, a. eccezione della vista, esclude i sensi. Per questo lo scopo della ricostruzione facciale forense applicata a crani antichi e preistorici è *d'emblée* un effetto speciale il cui scopo è la sua diffusione mediatica: non si tratta di riproduzioni fedeli della realtà, ma di sue clonazioni virtuali. Il realismo estremo esercita infatti una duplice spinta sull'immagine-spettacolo: a) predisporla alla mediatizzazione veloce immergendola nell'orizzonte di un "vero inventato" tipico del *reality* e della *docufiction*; b) sdoganare la sua cosità, renderla estatica, antidiegetica, fuori contesto. Il sorriso di Karabo è come si dicesse: «ce l'ho fatta! sono nel vostro mondo». Declinazione preistorica e allineata del *sans papier*.

Cold Case "Karabo", Malapa Cave, Swaziland

Il maschio ha le braccia spezzate. Cadendo ha provato ad attutire il colpo tendendo le mani in avanti. Forse voleva salvare la femmina. Forse è stato lui a cadere per primo, e lei (sorella maggiore, madre, compagna più anziana?) aveva cercato di raggiungerlo ed era precipitata con lui. Laggiù non sono morti subito. Hanno visto il piccolo occhio di luce sopra le loro teste, bordato di arbusti. Probabilmente hanno ascoltato smarriti il rumore dell'acqua sotterranea, mescolandolo nel dormiveglia e nel delirio a immagini anteriori, frammenti di cose percepite, ricordi di emozioni, forse, fino al silenzio e all'oblio. Con le prime piogge torrenziali l'acqua è scivolata nel reticolo di grotte e ha trascinato i loro corpi in un anfratto inferiore, dove li attendevano altre ossa, felini, equidi, licaoni, iene. I sedimenti li hanno coperti rapidamente e gli spazzini della savana non hanno potuto raggiungerli: memoria fossile, *Leitfossilien* per una vertiginosa autodatazione del Tardo Occidente.

MH1 e MH2 stanno raccontando ai paleontologi molte cose di sé, del loro *dasein*. Da subito sono entrati nelle riviste e in Rete, vittime postume della separazione tra corpo e immagine, per trovarsi sigillati in una bara di cristallo reale e virtuale, senza spazio, senza tempo. Per attenuare la distanza (quasi 2 milioni di anni) hanno chiamato il maschio Karabo, "Risposta", perché le risposte generano domande. Infatti le ossa di MH1 non somigliano a niente di conosciuto. O quasi. In realtà per il paleontologo che le osserva sono uno strano *déjà vu*, qualcosa di simile

From Lombroso to Lady Gaga

Il ritratto evoca una fisiognomica individuale, chiama a un riconoscimento personale. Se da un lato costruisce un adesso-qui, dall'altro estrae l'individuo dalla contingenza storica, lo sospende, crea un "tu" fuori dal tempo. Nel caso di Neanderthal il movimento ideologico è quello di una riduzione dello straniamento interspecifico: dal "Neanderthalopiteco" al "Neanderthal *light*", fino a una netta inversione di segno con un uomo della strada leggermente neanderthalizzato. Se il ritratto funziona come un *alter ego* dello spettatore, il meccanismo alterità/identità, riconoscimento dell'altro/riconoscimento di sé caro agli antropologi fa di Neanderthal il buon Selvaggio surmoderno. Niente di nuovo, quindi, tranne il fatto che la negoziazione identitaria, il processo di doppia agnizione non avviene più tra gruppi etnici in collisione, ma tra specie diverse. Lo spettro del razzismo aleggia tra *Sapiens sapiens* e *Sapientes* "inferiori", da qui l'inevitabile palinodia postcoloniale piena di buone intenzioni: una capillare riabilitazione iconica del "primitivo" e un *Paleolithic turn* accomodante. Le vecchie prove di oscillazione di confine dell'umano s'incarnano in un nuovo esercizio controllato, un laboratorio facciale senza gabbie tranne la grande metagabbia dello sguardo.

a un sogno che fa da ponte tra due universi separati e contigui, come un volto che ci ricorda qualcuno ma che rimane indecifrabile. Prima del nomignolo personale ci voleva un nome scientifico: *Australopithecus Sediba*. Tra le Australopitecine vissute in Africa tra 5 e 2 milioni di anni fa, MH1 non era *Anamensis*, *Robustus*, *Afarensis*, *Boisei*, *Garhi*, *Aethiopicus*; somigliava molto ad *Africanus*, ma aveva tratti più "umani", che lo avvicinavano a *Homo habilis* e *Homo erectus*. Allora l'hanno chiamato *Sediba*, che in sesotho, un sottogruppo delle lingue bantu, significa "pozzo, sorgente", la sorgente genetica da cui potrebbe essere scaturita la linea umana, e il pozzo naturale in cui MH1 e MH2 sono caduti, finendo in un lungo tunnel del tempo al di là del quale ci siamo noi.

Malapa Cave, 1,9 milioni di anni fa. Una terra ondulata con residui di vecchie foreste, radure a prateria, macchie di arbusti. Il sostrato di dolomia archeana, per effetto di una lunga erosione carsica, era cavo e traforato come un termitaio: 50.000 m² di cunicoli e vani interconnessi, alcuni dei quali collegati con la superficie da pozzi verticali. All'interno scorreva l'acqua, così nei periodi di siccità, attratti dal rumore allettante e dall'odore di umido, gli animali si sporgevano sui pozzi. Invariabilmente qualcuno scivolava in quelle trappole mortali come un insetto nell'ascidio di una pianta carnivora e, adescato dal sentore di carne in decomposizione, anche qualche grosso predatore faceva la stessa fine. Laggiù si accumulava un cono di detriti organici e inorganici, periodicamente spazzati via e risistemati dalle inondazioni. Di solito finivano per incunearsi in cavità più profonde, dove potevano fossilizzarsi in modo rapido e indisturbato. Oggi, dopo che l'erosione ha spazzato via i quaranta metri di roccia sovrastante, quei depositi a cielo aperto appaiono come piccole depressioni, quasi delle culle rudimentali scavate nel suolo terroso.

Gli Aborigeni australiani del gruppo Aranda chiamavano *Inapatna* delle masse embrionali di materia vivente, situate dove in seguito si sarebbero formati laghi salati o sorgenti d'acqua. In questo liquido amniotico, ancora incompleti, dormivano gli esseri umani

Neanderthal Texas Ranger

Ricostruzione del Neanderthal di La Ferrassie 1 e Chuck Norris. Le nuove tecniche di plastidermia che restituiscono carne alle ossa, volti ai teschi, nomi ai dispersi, s'inscrivono senza renderlo esplicito nel processo simbolico delle esequie: trasformare un cadavere in antenato, in padre, in eroe della patria. Un teatro dell'immortalità, come diceva Bauman, pieno di *revenant* e di fantasmi, perché queste grosse bambole perturbanti sono immediatamente concepite e inglobate dallo *star system*. Se la tensione di base è quella di rappresentare un *medioman* riconoscibile e in cui riconoscersi, un eroe passivo con un pizzico di esotismo ("io uomo d'oggi in quell'epoca là"; "io come lui ma in quest'oggi moderno"), l'interferenza con il *B-movie* rovescia in termini spettacolari il dispositivo identitario: il modello sale, il Neanderthal entra in una zona ad alta visibilità, lo spettatore chiede l'autografo al VIP. Il gesto iperrealistico fa spazio al gioco dell'allusione notoria, un'intertestualità iconica in cui l'ipotesto visuale è l'attore, il divo, il personaggio pubblico. Quello che emerge da questi esercizi di ricostruzione è allora un autoritratto collettivo, un'autopiesi sociale e al tempo stesso la sua spettacolarizzazione attraverso i canali classici del *commercial advertising*.

prima della creazione del Mondo. Nell'arte rupestre dei San del Sudafrica, invece, ricorrono misteriose rappresentazioni spaziali, involucri tondeggianti simili a celle di un termitaio, o a nuvole, in cui migrano fluttuando grandi mammiferi. Alcuni ricercatori li interpretano come i luoghi attraversati dallo sciamano durante la *trance*. Malapa Cave sembra agire sull'immaginario contemporaneo allo stesso modo. Alimenta miti intramontati delle origini, o di mondi lontani nello spazio e nel tempo, incistati in un'epoca onirica. Uteri terrestri o crisalidi disseminate nel paesaggio, questi terreni di nascita ancestrali sono una metafora legata a doppio filo al passato e al futuro, all'azione e alla contemplazione, alla esserci e al perdersi: uteri come otri di immagini, e come utopie.

Aby Warburg ci ha insegnato a riconoscere nelle immagini qualcosa di simile a scheletri accumulati nel Malapa Cave della cultura visuale. Scheletri o embrioni incompleti che periodicamente chiedono muscoli e movimento per diventare visibili ed essere ripensati. Ma forse l'itinerario da studiare è più lungo e più complesso, come se esistessero non solo percorsi carsici di singole immagini, ma insiemi molecolari, costellazioni iconiche che rotolano nel tempo, che rallentano temporaneamente in uno snodo storico della cultura e riemergono come paradigmi-formula. Giorgio Agamben dice che, come il *fantasmata* di Domenico da Piacenza, la *Pathosformel* di Warburg contrae in sé «in brusco arresto l'energia del movimento e della memoria». Si potrebbe aggiungere che per certe costellazioni iconiche questa contrazione avviene in un *dove* o, ancora meglio, che la contrazione dischiude un dove, uno spazio di risonanza che è qualcosa di più del riemergere di un singolo tema immaginale. In questo antispazio visuale riappare, assieme al paradigma, il bisogno storico di presentificarlo. Per questo bisogna chiamare MH1 Sediba, "sorgente", o Karabo, "Risposta". Per questo a partire dal suo cranio, come in un *reality* di medicina legale, ci si affrettati a ricostruire il volto della vittima per offrirlo al pubblico, un ritratto arbitrariamente sorridente, decisamente troppo umano, un peloso adolescente del *Pianeta delle scimmie* precipitato nella

Devolve-me softly

Inversione di vettore: il divo è neanderthalizzato via *photoshop*. Proprio come certe applicazioni per *smartphone* (*MEanderthal*, *Devolve-me*) propongono il *morphing* di una fotografia del volto trasformando la cavia iconica in un *caveman* ancora famigliare, allo stesso modo la Rete registra la presenza d'immagini di personaggi pubblici regrediti allo stadio primitivo. L'aspetto interessante è che l'alterazione denigratoria (e a volte razzista) resta minoritaria, mentre l'impressione è quella di un tentativo più o meno conscio di spacciare su più livelli un'estetica dell'uomo preistorico e di una preistoria *reloaded*. A ben guardare, gli esercizi di plastidermia sono molto aleatori: il margine d'interpretazione dello scienziato è alto e l'antropologo-artista, condizionato invariabilmente da qualche committenza (museale, editoriale, pubblicitaria) accumula una serie di microerrori interpretativi che lo portano all'affermazione di un *cliché* estetico. Se oggi dobbiamo ammettere che Fred e Wilma hanno avuto una scappatella con Neanderthal, la ritrattistica preistorica ci racconta come psicologicamente, ideologicamente ed esteticamente stiamo accusando il colpo. Neanderthal è bello. Ma è bello perché generosamente abbellito o perché ha rubato in qualche modo la bellezza altrui.

Galassia internet. E anche un funambolico gesto di necromanzia che non rimane isolato.

El Niño Pobre, Cueva del Sidrón, Asturias

Tre uomini, tre donne, tre ragazzi, tre bambini, uno dei quali dell'età di tre anni. Morti di morte violenta, quasi una Natività macabra in una grotta del nord della Spagna. All'inizio si era pensato a una strage di età repubblicana, poi si è capito che erano resti più antichi, 43.000 anni fa, *Homo sapiens neanderthalensis*. Tra i resti, tracce evidenti di crani spezzati per raggiungere il cervello, ossa rotte per estrarre il midollo, o graffiate da selci per asportare i tessuti. Un pasto rituale o, più probabilmente, fame. I Neanderthal adulti avevano bisogno di almeno 5000 calorie al giorno per sostentare un metabolismo corpulento e per resistere a un ambiente particolarmente rigido. Erano cannibali, forse solo in casi estremi, ad esempio durante una carestia, come Diamond Jenness riporta per i Copper Eskimos nei primi del Novecento, o come accadde alla colonia inglese di Jamestown in Virginia durante l'inverno tra il 1609 e il 1610. Oppure scattava qualcosa di diverso quando un Neanderthal incontrava un proprio simile appartenente a un altro clan: un umano è più facile da cacciare di una renna o di una foca. Possiamo allora immaginare due lupi della steppa, un uomo e una donna, che chiedono ospitalità alla famiglia di El Sidrón, che conquistano la fiducia dei bambini, degli adulti, e che poi nelle tenebre fumose consumano la tragedia e l'orgia di sangue. Possiamo solo immaginare.

Comunque siano andate le cose, il vecchio fantasma del cannibalismo preistorico è confermato dalla scienza e proprio dalla scienza è accuratamente esorcizzato attraverso raffinatissime tecniche di plastidermia e ricostruzione facciale. Solo da qualche anno, e cioè in coincidenza con la divulgazione della notizia che Neanderthal si è sporadicamente incrociato con *Sapiens sapiens*, la rete si è riempita d'immagini completamente nuove dei nostri

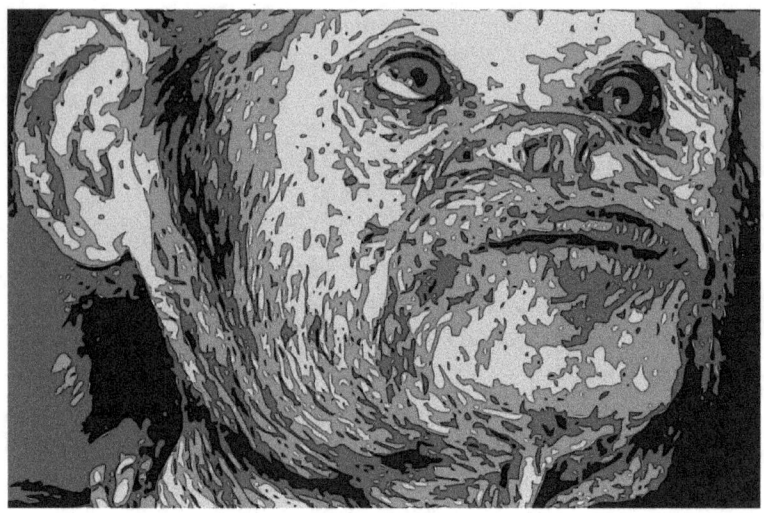

The unselfish chromsome

Oliver (1958-2012) era uno scimpanzé nato in Congo e vissuto in America. Intorno agli anni Novanta, per il suo aspetto "umano" perturbante, fu indicato come il *missing link* tra uomo e scimpanzé. Per qualche tempo si sostenne addirittura che il suo DNA aveva 47 e non 48 cromosomi, il che lo avvicinava misteriosamente ai 46 dell'uomo. La sua spettacolarizzazione mediatica lo portò in *tournée* fino in Giappone, ma in seguito fu venduto e dimenticato, visse per un decennio nella gabbia di un laboratorio di test cosmetici su animali, morì cieco, artritico e menomato in un "santuario" per scimmie in pensione. Un nuovo test del DNA dimostrò in via definitiva che Oliver aveva 48 cromosomi come tutti gli altri scimpanzé, ma l'ipotesi dello *Humanzee* ritorna ciclicamente, soprattutto da quando un raffronto recente tra i due genomi ha mostrato che scimpanzé e primi ominidi potrebbero essersi incrociati. Le poche immagini in Rete che ritraggono Oliver lo mostrano in piedi, in smoking, in atto di fumare e insolitamente glabro. Da un punto di vista iconico va notato che i suoi ritratti sono prevalentemente in primo e primissimo piano. Il taglio aiuta a concentrare lo sguardo sui tratti somatici, cancellando il resto del corpo: *morceau choisi* che genera e pilota lo *storytelling*.

"cugini" più anziani. Scomparsa l'ottusa arcata sopraciliare, il sopracciglio unico, il prognatismo ebete che caratterizzavano le rappresentazioni anteriori, oggi *dude* Neanderthal non appare più come una scimmia generosamente umanizzata o come un criminale lombrosiano tassidermizzato, somiglia piuttosto a un simpatico miscuglio tra un *big man* di Papua Nuova Guinea, uno gnomo di Rien Poortvliet e un professore di antropologia da fumetto (Herr N., la "star" del *Neanderthalmuseum* a Mettmann, Germania), oppure è il Bambin Gesù Paleolitico al freddo e al gelo nella grotta di Roc de Marsal (nella ricostruzione di Elizabeth Daynès al *Musée National de Préhistoire* di Les Eyzies, Francia), o ancora è il sosia neanderthaliano di Chuck Norris (nel primo episodio di *Prehistoric Autopsy*, documentario della BBC del 2012) o infine è una scontrosa *white trash* alcolizzata (Wilma, nella ricostruzione commissionata dal *National Geographic* ai gemelli Kennis, autori dello stesso Herr N. e della nuova versione di Ötzi, l'Uomo del Similaun).

In queste immagini c'è qualcosa di più di una volontà sensazionalistica o di un erotismo estenuato per gli effetti speciali. Sono una versione *cyberfriendly* e *hyperpop* del tentativo di ridefinizione tassonomica del confine sempre più momentaneo e gassoso tra scimmia e uomo, tra umanità poststorica e animalità surmoderna. Da un lato *Scientific American* nell'ottobre del 2010 e *Science* un mese dopo divulgano la notizia che la *rockstar* britannica Ozzy Osbourne ha deciso di farsi decifrare il genoma e che nel suo cromosoma 10 si è trovato un breve segmento di DNA ereditato dai Neanderthal. Dall'altro la vecchia ipotesi scientifica dello *Humanzee* (un ibrido tra scimpanzé e uomo) continua a generare da quarant'anni un'ondata virale di storie e di interpretazioni iconiche, di cui Caesar di *Rise of the Planet of the Apes* del 2011 è l'*avatar* più convincente. Ciò che fa viaggiare notizie scientifiche come se fossero miti metropolitani e immagini di ibridi virtuali come minacce genetiche sempre più probabili, è un sostrato di inquietudini reali, come i fantasmi elisabettiani, creazionisti e *white pride* di torbidi amori interrazziali o bestiali (Neanderthal proprio come Othello o come King Kong), le

Good cop / Bad cop

Dawn of the Planet of the Apes di Matt Reevs (2014). Caesar *vs* Koba: il capo è più umano, il cattivo è più bestia; alcuni animali sono più animali di altri. La distinzione gerarchica, fisiognomica e morale dell'uomo è proiettata in modo isomorfico sulla scimmia. La *pop culture* non si nutre dei modelli ontologico-antropologici di Heidegger, Derrida o Agamben. Le diverse ontologie rappresentate nella cultura visuale di massa vanno pensate al contrario come "ontologie indigene", come sistemi categoriali spontanei e come strategie di classificazione intuitiva. Analogamente, l'attribuzione di *personhood* e *agency* a esseri non-umani va spiegata non come una semplice proiezione metaforica ma come un "animismo relazionale": riconoscere a un non-umano coscienza riflessiva, intenzionalità, emozioni, linguaggio e autocoscienza, è la condizione e al tempo stesso la conseguenza di una visione del mondo in cui i confini genetici, ontologici e sociali tra le specie sono molto meno rigidi che nel modello scientista ufficiale. Nei due ritratti paralleli di Caesar e Koba, la retorica della distanza e della prossimità ferina esprime rivalità ma anche opposizione complementare. Il Selvatico e il Selvaggio continuano a essere determinati in base alla frenologia e agli atavismi lombrosiani.

mai esplicitate aporie teologiche sull'imputazione dell'anima (buondio, anche *loro?*) e i neoanimismi antispecisti con le loro declinazioni razziste o da caccia alle streghe (licantropo-pedofilo *vs* animale-bambino).

Nel caso dei Neanderthal, seguendo l'onda delle ultime scoperte, si è passati da un razzismo iconico paternalista e coloniale a un esclusivismo culturale conciliante e *open mind*. Fotografie di profilo di Herr N. e di una bambina ariana che si strofinano il naso in segno di pace, o di Wilma e di Jennifer Aniston appaiate come per dire che la prima, con un buon bagno e un po' di trucco, potrebbe risolvere la serata di un uomo solo, sono gli esempi più banali. Ma se si entra nella Corte dei Miracoli dei Diecimila Blogger si troveranno materiali più eloquenti e sinistri: un Obama photoshoppato e neanderthalizzato, una Michelle messa a confronto fisiognomico con una pelosa *firstlady* dell'età della pietra, o le accuse di propaganda sionista a chi sostiene, ovviamente contro i dati della scienza, che i Neanderthal *non* erano bianchi. *Ma certo* che lo erano! E il *missing link* diventa un altro terreno per riposizionarsi in chiave razziale e biopolitica.

Forse è da qui che bisognerebbe scrivere il prossimo capitolo sulle zone d'indifferenza tra uomo e animale, perché esistono strategie completamente nuove di attenuazione visuale del confine fisiognomico tra animale e uomo, e perché si stanno generando fusioni prima impensabili nella mappa ontologica di Linneo. Se, come dice Agamben leggendo appunto Linneo, «l'uomo è l'animale che deve riconoscersi umano per esserlo», che cosa accade quando la macchina del riconoscimento comincia a somigliare all'effetto ottico di due specchi che si fronteggiano senza nessuno in mezzo? Che cosa accade se il non-uomo in cui l'uomo dovrebbe riconoscersi per essere uomo è sempre più identico all'uomo? Forse le immagini mediatizzate di Karabo, dei Neanderthal e della "nuova" preistoria rivelano l'emergere carsico di un antispazio. Forse per rendersene conto bisognerebbe riconoscere che esiste una «macchina ottica» di terza generazione che con nuove tecnologie digitali sta restituendo alle immagini il carattere disarticolato ed estatico delle prime figure

The Grandmaster I

Werner Herzog davanti all'ingresso della Grotta Chauvet. Come un vecchio ufficiale della Wermacht che posa in trincea, il regista-culto è il protagonista assoluto di *Cave of Forgotten Dreams* (2010). Nella sua filmografia lo sorprendiamo così spesso a guardare in macchina (Lucas Cranach il Vecchio) o a darle le spalle (Caspar David Friedrich) che la sua poetica dell'autoritratto è diventata una firma notarile. Nel film su Chauvet c'è però un abile *post scriptum* per i profani: i coccodrilli albini, nati nelle serre riscaldate dall'acqua di raffreddamento di una centrale nucleare, sono una metafora apocalittica e fantascientifica del senso sepolto delle immagini. I coccodrilli siamo noi, che guardiamo nell'abisso del tempo, che scrutiamo i sogni degli antichi artisti delle caverne, sogni incomprensibili da contemplare con timore estatico. Tra l'animale dipinto nella grotta e l'animale mutante postatomico c'è l'animale *spectator* che oscilla tra i due: l'uomo-bisonte il novizio e l'uomo-coccodrillo. Tre mutazioni, tre viaggi sciamanici, tre prospettive possibili nel rapporto originario con le immagini. Allora lo stregone con la macchina da presa ci prende per mano, ci introduce a un rito di passaggio in 3D e, grazie al suo film che imita una cosmogonia, diventiamo finalmente spettatori adulti.

prodotte dall'uomo. Forse la filosofia politica dovrebbe concentrarsi su Photoshop, ma *Agamben certe non vidit Simiorum Planetam*.

La (vraie?) grotte de Lascaux, Dordogne, France

Nel 1983, a circa 200 metri dalla grotta originale, è stata inaugurata una riproduzione chiamata Lascaux II. Nel 2010, a Bordeaux, è stata presentata al pubblico Lascaux III, una versione parziale, itinerante e molto più realistica di Lascaux II. Dal 2013 è *on line* Lascaux IV, in cui si può compiere un breve viaggio animato dentro la grotta, che somiglia (non a caso) alla ripresa claustrofobica di una isteroscopia. La mediatizzazione dell'immagine e l'allontanamento spaziale dal sito "originale" sono direttamente proporzionali, ma il rapporto tra realtà e finzione è rimasto costante nonostante l'evoluzione delle tecniche di riproduzione, e questo non dal 1983, ma da almeno 18.000 anni. Infatti Lascaux non è mai stata concepita per essere "vera", per somigliare al mondo di fuori. La sua funzione, allora come ora, era quella di allestire uno spazio cognitivo alternativo alla realtà quotidiana: cavalli, cervi, bisonti, felini, uri, vacche, rinoceronti, non erano semplici rappresentazioni di animali buoni da mangiare e da pensare, erano soglie, dispositivi visuali verso stati di coscienza che con la vita "vera" intrattenevano un rapporto virtuale, proprio come Lascaux IV con la "vera" Lascaux.

Nel 2010 Werner Herzog è stato chiamato a filmare in 3D la grotta Chauvet. Per lui era l'occasione di vedere "dal vero" le prime immagini mai prodotte dall'uomo, ed era anche l'occasione per inserirsi di petto in un grosso corto circuito temporale: quelle immagini di felini, orsi, cavalli e rinoceronti, nonostante i 32.000 anni che separavano la pietra dipinta dalla macchina da presa, corrispondevano esattamente al suo modo di concepire l'immagine cinematografica. Le raffigurazioni del Paleolitico superiore non s'inscrivono in un ambiente riconoscibile, non hanno contesto, non hanno paesaggio: galleggiano sulla pietra come embrioni in un liquido amniotico, ignorando l'alto e il basso, il vicino

The Grandmaster II

Lo sciamano Klem in *Secrets of the Lost Cavern* (2005), *computer adventure game* ambientato 15.000 anni fa in una Lascaux-Autocad e negli spigolosi paesaggi circostanti. Definito nella presentazione del gioco come il "Michelangelo dei suoi tempi", Klem inizia all'arte e alla vita adulta Arok, il protagonista quindicenne dell'avventura. Le immagini dipinte nella grotta da Klem si animano e suggeriscono al ragazzo una via, proprio come le immagini di Chauvet, rianimate da Herzog attraverso gli spostamenti simultanei e opposti di videocamera e fonte luminosa. Tutto l'*iter* iniziatico, fatto di enigmi, *puzzle* e *bricolage*, porta il giovane *viator* preistorico al momento culminante del rituale conoscitivo: l'incontro con gli spiriti della grotta, gli animali dipinti, che al completamento dell'avventura cominciano a danzare senza rivelare al ragazzo il benché minimo significato riposto. Lascaux *playset* e Chauvet 3D sono una macchina estatica che visualizza l'invisibile preservandone l'indicibilità. Il Gran Maestro Klem-Herzog ci introduce così alla prima Apocalisse mai rappresentata, una ghirlanda cosmica di anime animali che mette in immagini l'inimmaginabile e che, dalla porta stretta di una caverna, fa irrompere comme un Messia la Grande Lacuna.

e il lontano, il primo piano e lo sfondo. Tutto quello che fanno è stare ferme se si è fermi, oppure muoversi quando l'osservatore si muove. Le irregolarità della pietra, le variazioni d'ombra e di rilievo svelate da un'illuminazione mobile, aggiungono un supplemento dinamico all'energia trattenuta degli animali, e le sovrapposizioni tra le figure o la ripetizione multipla degli stessi contorni fa pensare alla volontà di *rappresentare il movimento*. In questo regime di densità formale la domanda "che cosa volevano significare?" perde di consistenza, passa in secondo piano, e ciò che resta è una vacua contemplazione estatica, un senso di contrazione della memoria e del movimento che estrude le domande e conferisce rilievo ai campi vuoti (in senso cinematografico) tra un'immagine e l'altra, tra una visione e l'altra.

A Chauvet come in *Cuore di vetro*, e in definitiva come in tutto il cinema di Herzog, lo scaturire dell'immagine "originaria" dal vuoto e dal silenzio avviene nell'interruzione del flusso diegetico. Non si tratta più d'immagini-*dire* per far muovere un racconto, ma di immagini-*essere* che zittiscono l'osservatore e lo collocano a una distanza psichica indeterminata, in una scopofilia dei pieni e dei vuoti, del dentro e del fuori, che rasenta l'allucinazione. La dimensione ipnotica delle immagini del Paleolitico superiore deriva proprio da questo mettersi in assenza di contesto, uno star fuori che diventa subito un'assenza di senso. Certamente, come immagini inscritte in un sistema cosmologico, dovevano (anche) accompagnare una narrazione mitica e rituale, ma sappiamo che le grotte venivano ancora visitate a distanza di secoli e di millenni da gente che doveva aver smarrito il senso primario della loro destinazione, gente che tuttavia andava a incontrarle e a integrarne il bestiario proprio come si può decidere di scendere in un pozzo dei sogni per sognare. Per come quelle immagini nascevano, cioè durante una *trance* sciamanica o nel gioco apofenico (cioè il riconoscimento di forme note nelle irregolarità casuali della pietra), possiamo supporre che *Sapiens sapiens* andasse nelle grotte non per portar dentro immagini raccolte fuori, ma per cercarne di nuove da contrabbandare all'aperto. Il racconto veniva dopo, per dare una spiegazione eziologica alla scoperta, ma

The Grandmaster III

Dopo Herzog e Klem, Osama Bin Landen è un altro Signore delle Immagini ritratto sull'orlo della grotta platonica: Abdel Bari Atwan intervista il capo di Al-Qaeda nel 1996 ed è il primo a diffondere il *topos* narrativo dello "sceicco delle caverne"; nel 1997 Bin Laden rilascia un'intervista a Peter Arnett della CNN scegliendo come sfondo una parete rocciosa; nel 2001, poco dopo l'attacco al World Trade Center, Osama Bin Fantômas riappare in un video con un altro sfondo di pietra. Il lessico subliminale è chiaro: guerriglia, vita all'addiaccio, povertà multimilionaria, resistenza, energia ctonia. Ma soprattutto un *playset* canonico dello *storytelling* mitico. Nel dicembre 2001 le grotte di Tora Bora in Afghanistan vengono bombardate dagli Americani, ma il Veglio della Montagna riesce a fuggire. La novella Alamut, descritta come una grandiosa fortezza sotterranea, è solo un reticolo di grotte anguste e disadorne. Dopo la cacciata dei Telebani-Haššašin il complesso sembra esser stato ripopolato da misteriosi demoni-pipistrello. Nel luglio 2014 il lato *clean* del clan Bin Landen acquista per 45 milioni di euro una quota delle cave di Carrara. Qualcuno parla di "arabizzazione delle cave di Michelangelo". Mori e Cristiani. L'assedio di Vienna. Zombie Laden. *To be continued…*

.

l'immagine in sé per sé nasceva al di fuori di uno *storytelling*, e la forza sorgiva e incantatoria di una carica di rinoceronti veniva appunto da questo nascondersi del senso nell'atto stesso di manifestarsi.

Nella grotta Chauvet esiste un anfratto in cui un uomo potrebbe infilare un braccio, ma non il resto del corpo. In una porzione invisibile della parete interna, dove nessun occhio potrebbe arrivare, un cacciatore d'immagini di 32.000 anni fa ha dipinto alla cieca, e con grande abilità, un bue muschiato. Che cosa significa? Forse che l'animale si era nascosto, che stava per essere partorito dalla fessura. Forse che il confine concettuale tra visibile e invisibile, tra presenza e assenza, tra qui e altrove, tra corpo e immagine, si articolava già con dinamiche molto increspate nella mente di chi, in quel presente remoto, evocava animali vicini/lontani. Impossibile rispondere. Possiamo solo pensare due cose: 1) che per *Sapiens sapiens* produrre immagini era un *cultural buffering* di importanza cruciale, un gruzzolo di energie immaginative e contemplative indispensabile per resistere alla noia e alla crudezza dell'Era glaciale; 2) che la traduzione di questo *survival skill* in una grandiosa spettacolarizzazione spaziale è stato un momento cognitivo irreversibile nella storia del pensiero visuale. Solo in un'epoca di grandi transiti ecologici, socioeconomici e tecnologici, solo a partire dal Neolitico si sarebbe potuto erigere davanti alle immagini di Lascaux il primo diaframma storico, la prima lente critica. E, molto prima che se ne accorgessero Bataille, Merleau-Ponty, Gombrich e Blanchot, quelle immagini poterono cominciare a esistere come *fantasmata* visuali, destinati ad abitare in sordina gli ultimi 10.000 anni di storia umana.

Caduta

I leoni di Ninive

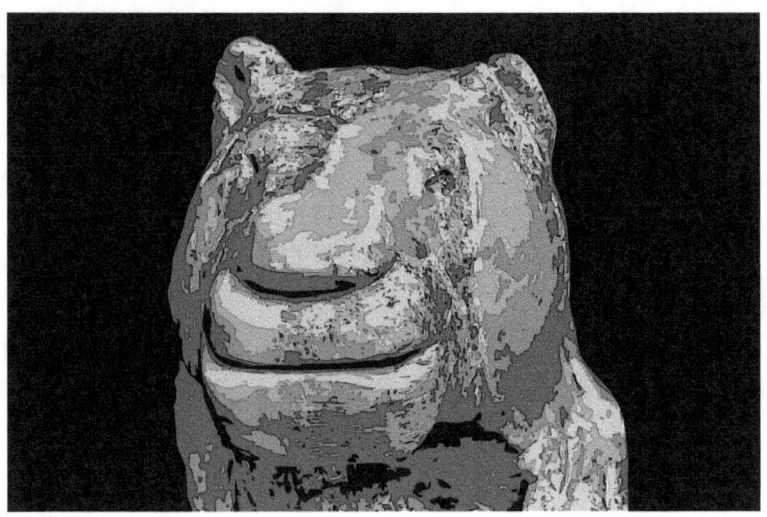

Homo felis priscus

Statuetta aurignaziana di Hohlenstein-Stadel, avorio di mammut, 40.000 anni fa. In assenza di contesto etnologico l'attribuzione semantica rimane impossibile: zoomorfo umanizzato? antropomorfo animalizzato? teriomorfo? uomo abbigliato con una pelle di felino? metamorfosi sciamanica? maschio? femmina? ermafrodita? Tutto quello che si può dire è che 40.000 anni fa esisteva la possibilità tassonomico-concettuale di un sincretismo uomo-animale. Se il significato resta oscuro, meno oscuri sono i *processi* di significazione sottesi all'immagine. Riportando a zero la fenomenologia dello spettatore, dobbiamo chiederci quali dinamiche di attribuzione di senso potevano essere implicate nel sistema "uomo-osservante/animale-osservato". Un tratto comune della nostra specie è quello che potremmo chiamare "metacognizione empatica", la capacità di immaginare nell'altro (uomo o animale) gli stessi stati mentali che siamo in grado di riconoscere in noi (*Theory of the Mind*). Di fronte a un animale reale, ma soprattutto graffito, dipinto o scolpito, l'uomo in postura contemplativa comincia a instaurare con l'essere-icona una relazione di intimità. In questo *amnios* si accendono domande ontologico-narrative: chi sei? da dove vieni? che cosa pensi? come mi vedi?

Cacce iconiche

Nella Mesopotamia in cui i cingoli dei *tank* hanno scritto sulla sabbia l'epopea cuneiforme del petrolio, sorgeva il glorioso palazzo di Assurbanipal. Uno dei bassorilievi conservati al British Museum illustra la Grande Caccia del Re. Orgoglioso, il sovrano si erge sul suo carro come un potente cacciatore bianco su un Land Rover dorato, e protende l'arco ricurvo proprio come Teddy Roosevelt imbracciava il Winchester. Il Presidente-Cacciatore sta uccidendo i leoni, grandi leoni maschi, muscolose leonesse, che agonizzano come tanti sansebastiani selvatici. Siamo all'epoca delle città-granaio, della terra squadrata e misurata. Non c'è più posto per la selva negli spazi striati dell'uomo, così il Re civilizzatore ricaccia il Leone delle Tenebre via dalle mura della Città. Finge di non sapere che il felino è un ibrido ermafrodita di luce e di buio e, con la scusa ufficiale di uccidere il buio, si fa uccisore della luce, di tutta la luce che non sia l'olio che incessantemente brucia nelle diecimila lampade di Ninive. Ma quanto può durare l'olio? E quanto il petrolio?

Il felino abita i nostri sogni da due milioni di anni. Nonostante *Homo* abbia sconfitto *Felis* in tempi immemorabili (probabilmente quando *Erectus* e *Habilis* portarono *Dinofelis* all'estinzione), si trattò di una vittoria parziale: *Homo* non era più minacciato, ma *Felis* continuava a competere con lui nella caccia, e da primo antagonista biologico diventò un temibile concorrente alimentare. Con l'arrivo in Europa di *Sapiens sapiens*, i grandi felini del continente si estinsero, un'estinzione drastica, conclusasi

Homo felis photoshop

Volizione, desiderio, emozione, pensiero, credenza, sapere, autocoscienza vengono attribuiti all'altro per proprietà simpatica, analogia, simmetria, permutazione, transito metaforico, ecc. Questo processo, più che un
generico antropomorfismo, deve essere pensato come un'antropomor-
fizzazione animica. L'animismo può essere credenza, sistema di valori e
cosmologia, ma è anzitutto un modo codificato di vedere, leggere e in-
terpretare le relazioni tra umani e non-umani. L'uomo, ancor prima che
le forme fisiche, tende ad antropomorfizzare i rapporti e i punti di vista.
Ma la capacità di soggettività di un non-umano ha bisogno per esistere di
un altro ingrediente cognitivo: la narrazione. L'animale al quale s'imputa
un'anima, ancor prima che persona, è *personaggio*, è attore, a volte è co-
autore del racconto. Immaginare per metacognizione empatica il punto
di vista di un animale significa attivare due facoltà fondamentali di *Homo
narrans*: la sospensione dell'incredulità tipica della fenomenologia della *fiction* e l'immedesimazione nel personaggio narrante/narrato. Al contrario,
Photoshop in 2D e plastidermia in 3D sono dichiaratamente "false": la loro
forza spettacolare si regge sull'*effetto*, e proprio per questo frenano l'immedesimazione e rendono superflua la narrazione.

prima del Neolitico, indizio non tanto dell'alterazione di un ecosistema, quanto di una caccia accanita e sistematica. Forse il loro
sterminio, come quello del lupo a partire dal Neolitico, era diventato una priorità ideologica. Analogamente, i giaguari dei miti
Olmechi sterminarono la prima popolazione umana del mondo
e, per scongiurare un rigurgito della loro collera, venne istituito
il culto del bimbo-giaguaro, divinità metà felino metà umano a
cui bisognava sacrificare bambini. Si suppone che questo cerimoniale fosse il riflesso capovolto di una grande caccia rituale
su vasta scala condotta contro i felini in fase pre-Olmeca. E
forse queste battute di caccia senza quartiere generarono un
trauma nell'inconscio dei Cacciatori Arcaici, un senso di colpa
che riemerge in qualche mito, o l'eco di una grande paura per il
timore irrazionale di subire rappresaglie cruente da parte della
specie antagonista. Tutte speculazioni. Nessuna conferma ar-
cheologica o paletnologica, nessun indizio concreto.

Il punto è proprio questo: l'affabulazione contemporanea
delle pseudoscienze, della criptozoologia e della pseudopreisto-
ria misteriosa è un altro modo di spiegare lo *strange romance* che
ci lega al felino, e che dal *Bacio della pantera* di Schrader a *Il vecchio che leggeva romanzi d'amore* di Sepulveda ha scavato un antispazio stabile nella *pop culture* occidentale, nelle mode etnofile e
nelle filosofie "alternative". L'elenco è lungo: in Cina lo Yin è
l'essenza del principio femminile ed è simboleggiato da una tigre; la dea della fertilità Kuan Yin è rappresentata a cavallo dello stesso felino; in Egitto Sekhmet era la dea leontocefala della
guerra, e Bastet dalla testa di gatta univa al calore solare le pas-
sioni ardenti; in India, Durga, la Madre Terribile, cavalcava un
leone; anche in Grecia la dea della fecondità Cibele viaggiava su
un carro trainato da leoni; la scandinava Freya, dea della terra,
della libertà e della passione violenta si spostava su un carro tirato dai gatti, e il gatto era anche consacrato ad Artemide; nei
sogni il leone è considerato indice di forze selvagge, indomite,
maschili e penetranti, è uno *spiritus mercurialis*, ed evoca pulsioni
sessuali incontrollate. Da Jung a Durand, da Jodorowski alla Me-
tro-Goldwyn-Mayer, la caccia fantastica è appena cominciata.

Dennis "Stalking Cat" Avner

Dennis Avner (1958-2012) era un Nativo americano di origine wyandot e lakota che, attraverso chirurgia plastica, inserti, piercing e tatuaggi, ha modificato in modo permanete il proprio volto per somigliare a una tigre femmina. La motivazione alla base del lungo processo è stata spiegata da Avner come una pratica in ossequio alla tradizione wyandot, dove l'individuo si sottoponeva a trasformazioni corporee per somigliare al proprio totem. Incoraggiato da uno sciamano, Avner ha cominciato a modificarsi nei primi anni Ottanta, ed è morto solo, suicida e pieno di debiti dopo aver raggiunto un certo livello di notorietà. Mentre la maschera può essere tolta e sappiamo che la sua funzione rituale-identitaria si fonda sul fatto di offrire in simultanea al volto un *altro* volto, un'altra natura, un altro genere, un altro spazio-tempo, la modificazione facciale permanente è l'incorporazione definitiva di un'alterità irriducibile. Mascheramento e smascheramento sono momenti dello stesso circuito visuale e ontologico, ma se la maschera non si toglie siamo in presenza di un ritratto anomalo e irrisolto. Come nell'immagine dell'anatra-coniglio di Jastrow, s'innesca una percezione instabile alternata: per vedere la tigre devo occultare l'uomo, per vedere l'uomo devo scacciare la tigre.

In alcuni sigilli a cilindro di provenienza sumerica è raffigurata l'uccisione di Humbaba da parte di Gilgamesh ed Enkidu. I due eroi, uno a destra e uno a sinistra del mostro, sono ritratti nell'atto di tenerlo saldamente e di sollevare un'arma sopra la sua testa. A sferrare il colpo è Enkidu, l'ex-*Homo sylvestris* ora civilizzato, che con un'ascia o una mandibola di ruminante sfonda il cranio del Signore della Foresta, e commette fratricidio: in altri sigilli e bassorilievi, Enkidu è ritratto infatti come Signore degli animali o come irsuto umano seminudo, e quasi sempre, proprio come Humbaba, il suo volto è rappresentato in posizione frontale, esageratamente grande, con barba e capigliatura incolta, con grandi occhi e bocca spalancati, come una gorgone anguicrinita o un muso leonino. La parentela selvatica con il mostro della foresta, e l'abbattimento dei cedri per costruire il palazzo di Ur, sono all'origine della *hybris* che Enkidu pagherà con la vita, e al tempo stesso sono un gesto di fondazione architettonica, di riuso dei resti dello spazio incolto per costruire l'edificio culturale. L'eliminazione della foresta e la simultanea fondazione dello spazio urbano e agricolo periurbano sono un atto violento, un danno rimosso, che nutrirà il senso di colpa dell'uomo neolitico nei confronti del suo doppio paleolitico, come Gilgamesh e Enkidu, come Caino e Abele, come Ade e Persefone, o come i Vampiri e i Lycans di *Underworld*. Ma anche qui nessuna certezza, solo speculazioni neomitologiche e *New Age* per dare un fondale plausibile al dissolvimento delle Origini nella poststoria occidentale, e un *bricolage* visuale che riutilizza in modo indistinto mitologemi arcaici e *leftover* di cybercultura per dare presenza al presente. Si tratti dei leoni di Ninive, di *Catwoman* della Marvel, di *Wicca* dei neopagani o della pornoecologia di *Fuck For Forest*, le declinazioni iconiche della selvatichezza ai margini del castello sociale hanno radici complesse. Quello che bisognerebbe studiare è una costellazione d'immagini.

Meow

La maschera nasconde parzialmente o totalmente il volto, ma dopo che è stata indossata ciò che si vede non è la maschera ma il "si è indossata la maschera". Per parafrasare Blanchot, quando il volto scompare sotto la maschera, "il volto scompare" appare. La natura funzionale della maschera è dunque bifronte: se viene indossata il volto *non* scompare, se viene tolta c'è *ancora*. Più che un'apertura sul vuoto di determinazioni, più che un prisma di possibilità, la maschera è il momento in cui si constata una riduzione drastica delle possibilità: l'uomo che la indossa o è sé stesso senza maschera o è se stesso con la maschera, e l'unica vera possibilità è quella del transito da un volto all'altro. È per questo che all'interno di una stessa cultura la maschera non è mai una sola, ma si moltiplica, viene declinata in tipologie e varianti, ambisce a una complessità per accumulazione. La stessa cosa accade nella società dei supereroi, che funziona per sommatoria e livelli di nudità. L'erotismo denso di Catwoman non è nel cuoio o nel latex, ma nel nudo mascherato, non è nel fatto che si tratta di una donna-gatto ma che è una donna *che fa* il gatto restando donna: più mi nascondo più sono riconoscibile, più cambio identità più confermo una resilienza identitaria.

Genealogie feline

Le rappresentazioni di umani nel Paleolitico superiore sono piuttosto rare e approssimative, come se a fianco di un'indiscutibile abilità nel rappresentare animali ci fosse una difficoltà tecnica, psicologica o ideologica che impediva di ritrarre l'uomo in modo esplicito. Profili, volti, corpi somigliano piuttosto a ectoplasmi indistinti o, in altri casi, slittano nella bioforma uomo-animale: a Chauvet molti profili di leoni si avvicinano a fisionomie umane, mentre nella placchetta di Enlène di 10.000 anni più tardi si vede il graffito di una copula *more ferarum* tra due umani in cui il maschio ha il profilo di un leone. Un'immagine tra le più antiche conosciute è invece una piccola scultura in avorio di mammut raffigurante un umano con una testa leonina. Si tratta della statuetta di Hohlestein-Stadel, di 40.000 anni fa, che è stata interpretata in modo indecidibile come uno stregone che indossa una pelle di leone, come una metamorfosi sciamanica o come un teriomorfo.

La più antica immagine certa mai trovata sul continente africano proviene dalla grotta Apollo 11 in Sud Africa. Si tratta di un ciottolo dipinto con pigmento nero, datato circa 26.000 anni fa. La figura di base è un felino, ma le zampe posteriori sono due gambe umane, probabilmente ritoccate in un secondo momento. Aggiunte in seguito, ci sono due corna sulla testa dell'animale e un segno sul ventre che rappresenta il fallo. Sempre nella grotta Chauvet ritroviamo gli stessi elementi condensati in un'icona tripartita. Utilizzando una stalattite, il cacciatore d'immagini ha dipinto in nero una cosiddetta Venere, con il triangolo pubico ben marcato e con cosce arrotondate che terminano a punta, senza piedi, come le tradizionali statuette aurignaziane e gravettiane (Venere di Savignano, di Willendorf, di Laussel). Qui la Venere è ottenuta ritoccando un'emergenza naturale, perché la forma conica della stalattite sembra aver suggerito all'artista una somiglianza con la statuaria coeva. Aggiunta in un secondo tempo c'è una figura bovina in piedi, che va collegata a motivi maschili molto simili denominati "stregoni" (come

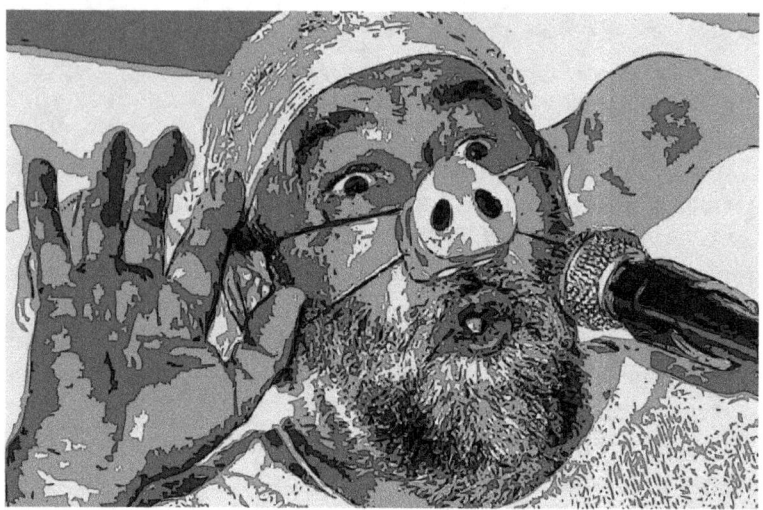

Squeal like a pig!

30 settembre 2005, lo *Jyllands-Posten* pubblica 12 vignette satiriche su Maometto. L'imam Ahmad Abu Laban le include nel suo dossier sull'islamofobia in Danimarca e aggiunge la foto di un uomo che predica con grugno, orecchie di maiale e copricapo da preghiera islamico. La didascalia della fotografia recita in danese e arabo «Questa è la vera immagine di Muhammad». Ma il nome dell'uomo ritratto è Jacques Barrot, che non sta affatto ridicolizzando Maometto. Si tratta infatti del vincitore dell'edizione 2005 della *Pourcailhade* di Trie-sur-Baïse, in Francia, un concorso di "cri du cochon", l'imitazione del verso del maiale. L'aspetto interessante di questa immagine non è il violento slittamento di contesto o la banalità retorica della propaganda che lo riusa, ma l'efficacia iconica a monte di ogni attribuzione semantica, la riscrittura che anticipa la lettura. Il volto viene "spostato" verso i suoi molti possibili non dall'effetto-maschera o dall'essere finestra fisica di un'anima che si dichiara ambigua attraverso l'allusione animale, ma dal fatto di essere una superfice-frontiera, un luogo di passaggio più che d'incroci. Qui non c'è più un "faccia a faccia" tra noi e un altro, ma tra noi e un altrove. È il momento zero in cui il volto comincia a destrutturarsi e a diventare paesaggio.

nella grotta di Les Trois Frères). La seconda immagine è stata integrata alla prima secondo il "conflitto di contorni" studiato da Arnheim, cioè le linee della coscia sinistra della Venere sono anche le linee della coscia sinistra dell'uomo-bisonte. Il fenomeno, piuttosto diffuso nell'arte paleolitica, poteva indicare una fusione di nature, un sincretismo. Infine, quasi a incorniciare e saldare a livello iconografico i principi maschile e femminile, è stato tracciato il profilo di un grande felino, la cui linea dorsale prosegue in quella dell'uomo-bisonte, mentre la linea della zampa anteriore continua nel contorno della stalattite, chiudendo circolarmente l'insieme.

Come nel caso della placchetta sudafricana, anche nella stalattite di Chauvet si riconoscono varie fasi di esecuzione, ma quello che conta è che l'associazione dei tre elementi ha prodotto un organismo visuale: esiste una connessione necessaria tra il felino e il principio maschile-femminile, perché il leone sembra sancire il sincretismo tra i due sessi, proprio come in un'immagine cara a Jung che mostrava Shiva e Parvati adagiati su una pelle di leopardo. Quello che si può ipotizzare è che anche nel Paleolitico il felino incarnasse un principio dualistico, ambiguo, proteiforme, ermafrodita, comunque connesso a una sessualità in grado di riunire gli opposti. Molte tradizioni successive mostrano il felino come indistintamente associato al maschile o al femminile e, secondo alcune teorie, dei e dee leonine possono aver mascherato nell'immaginario dei popoli pulsioni e paure sessuali sepolte nell'inconscio: angoscia di castrazione, come direbbe Freud, o massa di libido incestuosa, come diceva Jung a proposito del più celebre ibrido umano-felino, la Sfinge.

È il caso di un quarto artefatto paleolitico, simile ai precedenti, ma che introduce un nuovo elemento. Si tratta di un graffito ritrovato nella sepoltura di un giovane uomo sui vent'anni al Riparo Tagliente, nel Veronese, databile a circa 11.000 anni fa. Le ossa degli arti inferiori erano state coperte con pietre di varie dimensioni, due delle quali, le più grandi, posate non casualmente sui femori dell'uomo e con graffiti rivolti verso il basso, per aderire al corpo dell'inumato. In una di esse è forse riconoscibile

You tell yourself it's love. But it isn't. It's blood

Cat People (1982) di Paul Schrader: Malcom McDowell inizia a trasformarsi in pantera. Irena e Paul sono fratelli orfani di una famiglia di *werecats* (calco *pop* anni Settanta di *werewolf*). Come nel film omonimo (1942) di Jacques Tourneur, è sempre la passione erotica a determinare la trasformazione, ma lo sviluppo innovativo del *remake* è nel rapporto incestuoso tra fratello e sorella: il sesso tra consanguinei è l'unico modo per soddisfare il desiderio senza mutare forma e diventare pantera. Se il passaggio avviene, il felino può tornare umano solo uccidendo il proprio *partner* o un suo sostituto. Mentre *Cat People* del 1942 tende a rappresentare la trasformazione in modo allusivo, attraverso tracce, ombre, metonimie e inserti insistenti di iconografia felina, il film del 1982 punta sull'effetto speciale e sul trucco. Anche qui però l'esplorazione del ritratto teriomorfo si mantiene a un livello liminale: lenti a contatto, attenuazione del segno delle sopracciglia, rigonfiamento del contorno degli occhi, smorfia facciale. La deviazione dallo *standard* umano è trattata nel film come un problema di rappresentazione di sguardi e d'insistenza sul corpo nudo: l'animale è l'uomo che si spoglia delle convenzioni sociali che lo avvolgono, è una perdita di umanità a cominciare dagli occhi.

un segno vulvare, invece nella più grande si trova il graffito di un leone delle caverne, la cui schiena è sovrastata da grandi corna di *bos primigenius* e la cui testa, nell'orientamento originario, era rivolta verso i genitali del defunto. Anche qui troviamo l'associazione felino-bovide, come in Apollo 11 e Chauvet, e una connessione non casuale con la sfera sessuale. Quello che c'è di nuovo è che si tratta di una sepoltura, quindi il dispositivo iconico era associato alla morte. Forse le pietre servivano a impedire che il defunto si rialzasse, che tornasse tra i vivi e, come guardiano temibile, c'era un felino a minacciarne il pube.

Nostalgie biologiche

Tra 32.000 anni fa in Francia, 40.000 in Germania, 26.000 in Africa e 11.000 in Italia corrono distanze spaziali e temporali che impediscono qualunque connessione plausibile. Quello che però colpisce dopo una libera comparazione dei dati è che nel Paleolitico superiore sembrano esistere già alcuni campi semantici che nelle culture successive saranno ipostatizzati nell'immagine del felino, in particolare l'ambiguità dualistica, la sessualità polarizzata e la morte. Il legame tra morte e sessualità è illustrato ad esempio da alcune culture africane, come la credenza diffusa che la vista di un leone possa ridurre l'uomo all'impotenza sessuale; presso i Magussaua, invece, la circoncisione che introduceva alla maturità sociale e sessuale veniva praticata da un uomo mascherato da leone o da leopardo, che azzannava simbolicamente i genitali dell'iniziando; presso gli Adamaua lo stregone che circoncideva il ragazzo indossava una maschera di leopardo, e presso i Tschamba gli strumenti utilizzati per questa operazione erano contenuti in una sacca ricavata dalla zampa dello stesso animale. L'iniziazione alla sessualità attraverso la morte simbolica era strettamente connessa al felino, che prima uccideva e poi richiamava alla vita l'uomo nuovo. La sua proverbiale silenziosità durante la caccia, il suo apparire ubiquo, le sue rumorose, ripetute, violente manifestazioni sessuali, devono

It feels good to be a wolf, doesn't it?

Dall'*erotic horror* al *romantic horror*. Jack Nicholson inizia a trasformarsi in mannaro in *Wolf* (1994) di Mike Nichols. La locandina del film recita *The Animal is Out*, "La bestia è fuori", nel senso di libera, alla macchia, o che è già dentro di noi e aspetta solo di uscire. Istinto, intuizione, sensi acuti, agilità, resistenza, aggressività trasformano un *looser* di mezza età senza carriera in uno *yuppie* irregolare, volitivo e seduttore. Il morso del lupo e la graduale trasformazione in licantropo sono solo un espediente narrativo per raccontare lo *strange romance* tra wilderness vivificante e America perennemente pioniera. Se la sceneggiatura non fosse di Jim Harrison si potrebbe anche pensare a una metafora fordista degli States produttivi che ritrovano il loro posto nella giungla della concorrenza recuperando (e giustificando) la forza bruta. Il trucco è di Rick Baker (*An American Warewolf in London* di John Landis, *Thriller* di Michael Jackson, *Planet of the Apes* di Tim Burton, *Wolfman* di Joe Johnston): diversamente dal "delicato" Tom Burman di *Cat People* (1982), Baker inventa un *deep make-up* che farà scuola fino al digitale. La ritrattistica spettacolare dei suoi teriomorfi e dei suoi zombie è un modello iconografico tra i più stabili e universalmente emulati degli ultimi trent'anni.

aver solleticato l'immaginario di molte culture. In altre occasioni certe posture verticali di leoni, leopardi, tigri e pantere appaiono quasi umane, e nessun altro animale, tranne le grandi scimmie e gli orsi, somiglia maggiormente all'uomo nella taglia e nella muscolatura. Infine, il fatto che i grandi felini comincino a smembrare la preda dalle parti molli, in genere proprio dai genitali, aiuta a capire il perché delle pratiche iniziatiche africane e della connessione (poligenetica/etologica) tra felino, sfera sessuale e morte.

Il leone del Riparo Tagliente minacciava i genitali del giovane inumato ma, di fronte alla morte reale, come già nella morte iniziatica, faceva forse da tramite per l'aldilà. Il felino dunque come divoratore sessuale, ma anche come animale psicopompo, e proprio la sua presenza nel passaggio tra i mondi (dei vivi e dei morti, dell'infanzia e dell'età adulta) è depositata nell'archivio iconico di numerose culture: nella tomba dei Tori di Tarquinia la pantera, per gli Etruschi associata a Dioniso, è di colore blu, perché il dio dell'estate e della fertilità era anche il dio dell'aldilà, e il colore blu o azzurro della pantera rimandava alla sua natura ultraterrena e invisibile. Più tardi Macrobio ci ricorda che Crono, il dio castrato che castra il tempo, era detto in Oriente *Deus leontocefalus*, come la statuetta paleolitica di Hohlestein-Stadel. In Africa e in America Latina il felino ritorna spesso come animale maestro d'iniziazione, che uccide, divora e porta alla rinascita. In Grecia la pantera era appunto connessa a Dioniso, dio smembrato e rigenerato. Presso gli Egizi il leone era legato al sole, forse per la caratteristica luminosità notturna degli occhi del felino, o forse per un'idea di rinascita diurna. Mitra, dio solare, è spesso rappresentato con testa leonina e a volte è ritratto in atto di uccidere il toro sacro lunare. Per gli Assiro-Babilonesi il leone era simbolo di disordine e tenebra, mentre in India la tigre e il leopardo erano connessi a Shiva, dio distruttore e rinnovatore. E la caccia continua.

Sesso-Morte-Rinascita. Selvatichezza-Caos-Ibridazione. Wilderness-Apocalisse-Utopia. Senza arrischiarsi in una scivolosa risalita nel tempo verso gli archetipi concettuali e simbolici che

Everything is backwards now

Dietro il volto dell'avatar di Jake Sully non c'è solo l'attore Sam Wor-
thington ma 900 tecnici della *Weta Digital*, che da vent'anni detiene il
monopolio degli effetti speciali sul grande schermo. La conversione elettronica dei movimenti facciali (*facial motion capture*) dell'attore consente di
creare un *data base* potenzialmente illimitato del volto umano, un meta-
ritratto finale di tutti e di nessuno. L'esito cinematografico è solo un sot-
toprodotto di applicazioni molto più inquietanti, come i sistemi di riconoscimento facciale a fini militari e di polizia (*facial recognition system*). Oltre ai più comuni tratti del volto, la scannerizzazione delle narici, dell'iri-
de e della *texture* della pelle sta incrementando in modo esponenziale l'efficacia degli algoritmi biometrici. Presenti anche nei cellulari (come
sblocco schermo) e in facebook (per l'assegnazione automatica di un
profilo ai volti delle fotografie caricate), sono uno specchio-spia in cui
l'osservante è a sua volta osservato. Le fattezze vagamente feline dei
Na'vi, in cui ci piace veder riflesso il nostro sogno selvatico, sono il diaframma esotico che racconta una storia di libertà ma nel frattempo occulta il volto plurimo e dislocato dei nuovi agenti di controllo. "Tutto è a
rovescio adesso": l'alieno è meno alieno di noi.

potrebbero aver generato il primo spazio/antispazio "uomo *vs* natura *vs* cultura", basterebbe procedere a una lettura formale delle immagini paleolitiche per capire che ciò che oggi chiamiamo Wilderness, Apocalisse e Utopia sono dei paradigmi cognitivi intimamente legati alle strategie dell'immaginario umano: la capacità di ipotizzare luoghi e tempi originari e selvaggi lontani e antitetici rispetto a quelli in cui si vive; contare emotivamente e spiritualmente su un sistema ciclico di morte e rinascita delle cose e del mondo; sperare nell'esistenza di una terra migliore della propria dove fame, dolore e torti saranno infine sanati. Questi canovacci sono un'eredità biologica della specie che nei millenni si è rivestita delle più svariate espressioni iconico-culturali. Con un solo scopo: sopravvivere, usando le immagini non come semplice "reazione fobica" o come incarnazione religiosa della causa, ma come strumento mitopoietico, come una deliberata amplificazione delle cause originarie attraverso il *surplus* di senso che ogni immagine porta in sé. Quasi una nostalgia genetica del non-esserci, del non-ancora e del non-più, che è già incistata nelle immagini di Lascaux e Chauvet. Perché le grotte ornate non erano meri santuari tribali ma apparecchi di simulazione, strategie mediatiche *ante litteram*, e perché i cavalli e i bisonti che le abitavano non volevano rappresentare la realtà delle cose ma le idee (e gli spazi delle idee) con cui la realtà poteva essere pensata.

L'animale dipinto nella grotta galleggiava in un *amnios* simbolico, e contemporaneamente era il membro *in praesentia* di una famiglia allargata *in absentia*, era individuo singolo e metonimia di un mondo. Per questo non rappresentava solo se stesso, ma anche i suoi simili, gli esseri con cui interagiva etologicamente, i suoi spazi di azione, il suo habitat. La sua immagine visibile era un riferimento costante all'invisibile, come la punta dell'iceberg di un ecosistema visuale: l'animale era se stesso, era un altro sé, era l'Altro, era l'Altrove. Chi lo guardava nel Paleolitico scorgeva tutto ciò che lo accompagnava in modo implicito e allusivo, un *surplus* non solo etologico ed ecologico, ma una zona perimetrale incompleta, uno spazio indefinito, incerto, esotico, lontano, una

I will kill all of you!

Benicio del Toro in *The Wolfman* (2010) di Joe Johnston. Nonostante la somiglianza posturale con l'immagine precedente (un autentico cliché iconografico), il *make-up* utilizzato è di tipo tradizionale. Il truccatore Rick Baker ha raccontato il vettore concettuale della trasformazione teriomorfa: del Toro è naturalmente predisposto a una fisiognomica ferina, quindi è bastato aggiungere molti peli e allungargli i denti (sorriso del lettore). La bestia, qui, non è generata da un "in levare", da una perdita di caratteri umani, ma emerge per sommatoria, per ridondanza di tratti. Licantropia clinica, disforia di specie, teriantropia psicotica, *Otherkin*, *Skinwalker*, sono tutti esempi di individui che credono di possedere un'identità doppia o multipla, di cui almeno una è di tipo animale o non-umano. Generata da fobie, schizofrenie, sensi di colpa, censure collettive, ma soprattutto da necessità sociali, la Bestia è un inquilino stabile, non un intruso. Il suo regime complementare ha sempre bisogno di Belle, ma soprattutto ha bisogno di vittime. L'antropopoiesi affidata al Mostro non è solo di taglio tra un noi e un loro, di asseverazione normativa del desiderabile e dell'indesiderabile, ma anche di sfoltimento demografico, di governo dei numeri attraverso una falcidie indiscriminata.

cavità che poteva essere riempita di cose immaginate, di *rêveries* di azioni e di ambienti, di storie possibili. Forse per questo molte figure del Paleolitico superiore avevano i contorni aperti o incompleti: per includere la pietra che le sosteneva, per aprire una libera circolazione tra il dentro e il fuori, per favorire lo scambio tra il visibile e l'invisibile, per seminare l'ignoto nel noto, per suggerire una polisemia del segno.

Ecotopie postapocalittiche, distopie regressive e selvagge, natura violata che scatena una vendetta ultima, alieni zombie postumani che rubano la Terra all'uomo, virus barbarici che fermano l'orologio evolutivo e bruciano la biblioteca di Alessandria. Ogni crisi storica ha inventato angeli e demoni a propria immagine e somiglianza, ma di volta in volta la vera invenzione è stata quella di un antispazio in cui rendere visibile l'alternativa (positiva o negativa) al qui. Lascaux e Chauvet ne sono i primi esempi, e il palazzo di Assurbanipal o la Sala Ovale della Casa Bianca, con l'immaginario (implicito ed esplicito) che li accompagna, sono solo *avatar* tecnici del primo esperimento: «Il conquistatore del culto del serpente e della paura del fulmine, l'erede dei popoli indigeni e il cercatore d'oro che li ha spodestati, è catturato in una foto che ho scattato in una strada di San Francisco. È lo Zio Sam con un cappello a cilindro che va a spasso orgoglioso davanti a una rotonda neoclassica. In alto, sopra il suo cappello, corrono fili elettrici. In questo serpente di rame fatto da Edison, lui ha strappato il fulmine alla natura». Così Aby Warburg nella conferenza di Kreuzlingen del 1923, per annunciare la crisi della distanza.

Frontiera

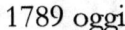

1789 oggi

An average degree of autism?

L'enfant sauvage (1970) di François Truffaut. Victor de l'Aveyron è uno spazio bianco che attira significati spesso discordi ma uniformi nelle premesse: illuministi, evoluzionisti, positivisti, strutturalisti, filosofi, antropologi, psicologi, pedagogisti hanno usato Victor e altri casi affini come un ritratto parziale da completare, come una testa vuota da riempire di qualcosa in grado di far luce sui tratti distintivi tra animale e uomo. Raramente si è sostenuta l'ipotesi che Victor potesse star bene nei boschi da cui era stato prelevato con la forza, che forse non aveva chiesto di salire i gradini della civiltà, che il suo comportamento "autistico" (digrignare i denti, dondolarsi, muoversi in modo spastico) poteva anche essere, come per certi animali, una diretta conseguenza della sua nuova reclusione. Analogamente, la sua umanità/animalità è sempre stata vista come un problema solo suo, interno al suo corpo, alla sua storia, e non come un problema di ontologia relazionale: *chi* vede l'animale nell'uomo? *chi* decide dove l'uomo comincia? Forse l'abbandono di Victor nei boschi fu decretato da un individuo che ragionava come il suo tempo, un'epoca in cui si pensava che il linguaggio fosse al nocciolo della natura umana, e che chi invece non l'aveva, come i muti, era solo un semi-uomo.

Juvenis lupinus Hassiacus, 1304

Dalla *Cronaca di Erfurt*: «Anno Domini MCCCIV. Un ragazzo della regione di Hesse fu rapito. Questo ragazzo, come si seppe in seguito e come lui stesso raccontò, fu preso dai lupi all'età di tre anni, e da essi fu cresciuto in modo meraviglioso. Infatti, qualunque preda i lupi catturassero, mentre giacevano attorno a un albero, gli riservavano sempre la parte migliore. Durante il rigido inverno scavavano una buca, vi mettevano erbe e foglie, ne ponevano altre sul ragazzo poi loro stessi si accucciavano attorno a lui, per proteggerlo dal freddo. Inoltre lo obbligavano a camminare carponi su mani e piedi e a correre con loro a lungo, e per questo egli poteva emulare la loro velocità, e sapeva compiere grandissimi balzi. Una volta catturato, legatigli dei legni al corpo, venne obbligato a camminare in posizione eretta, secondo le sembianze umane». Quella del ragazzo di Hesse è una delle più antiche attestazioni storiche di *enfant sauvage* dell'Europa premoderna, nota anche a Linneo, che classificò il caso come *Juvenis lupinus Hassiacus*, postdatando l'episodio del 1304 al 1344, anno in cui la *Cronaca* riporta un aneddoto analogo (o forse una semplice variante del primo) ambientato questa volta a Wetterau. Siamo in piena crisi del Trecento, con la Grande Carestia del 1315-1317, la Rivolta dei Pastoreaux del 1320 e la Peste Nera del 1347-1351. La stessa *Cronaca*, del resto, è una lunga raccolta di *dark gossip*, una galleria di *snapshot* a tinte forti che registra la grande instabilità psichica e sociale dell'Europa tra XIII e XIV secolo.

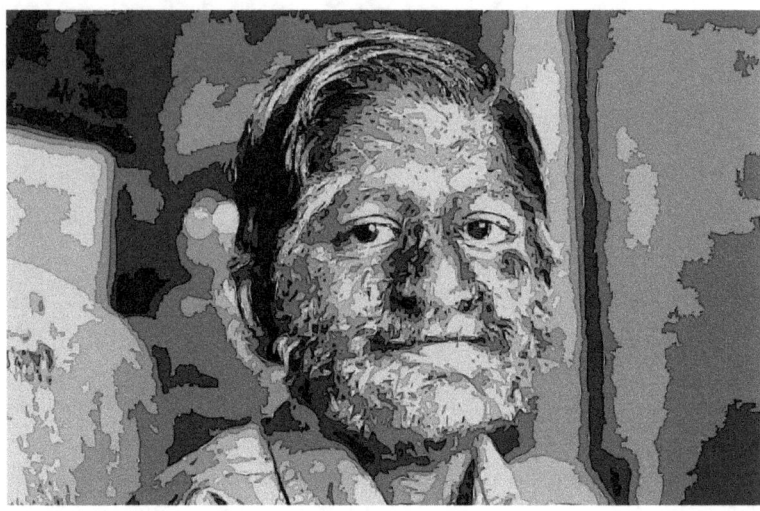

Visual Media Hair Disorder

Pruthviraj Patil, 11 anni, soffre di ipertricosi. Curiosità di corte come Arrigo peloso ritratto da Agostino Carracci, rarità biologiche esposte in *Kunstkammern* o in baracconi itineranti, *Freaks* esibiti in taverne o in *side-shows* da circo: "mostri" che hanno attraversato nei secoli l'immaginario occidentale e che ovviamente sono serviti da modello per fissare i canoni di un'iconografia del diverso. Oggi gli zoo umani e la spettacolarizzazione della differenza hanno trovato in Rete uno spazio illimitato e una modalità anestetizzante. Il *layout* di *Google images* sembra imitare un pannello del *Bilderatlas* warburghiano, con connessioni visuali e concettuali generate a caso, ma intanto allestisce un ambiente scopico generalmente refrattario allo *shock*. Le icone miniaturizzate, uniformate, reiterate e diluite in un insieme seriale creano una griglia distanziante in cui l'incontro con l'altro (con il suo sguardo, con il "mostro") è quasi sempre scongiurato. Nella prossemica che regola le interazioni tra fruitore e immagini in Rete, la dimensione del volto altrui resta decisamente ridotta, corrisponde a quella che nella vita reale, quando guardiamo qualcuno, si situa nella fascia più lontana, il cosiddetto "spazio pubblico": nessuna intrusione pericorporea, nessuna intimità 1:1.

Probabilmente l'episodio del ragazzo di Hesse condensa la memoria censurata di un'epoca, quando abbandonare nella selva bambini autistici, orfani o di peso per la magra economia famigliare era una pratica usuale. Certa sociologia ha visto infatti negli *enfants sauvages* il riflesso di una cattiva coscienza, il senso di colpa di una società che ha mancato nei suoi compiti e che, come il dottor Itard con il selvaggio Victor, abbraccia la missione illuminata di recuperare l'irrecuperabile, inventando fuori tempo massimo un'improbabile pedagogia delle masse. Ma la storia del ragazzo di Hesse è anche una perfetta *mise en image* di *Homo sylvetris*, al servizio di quella «macchina ottica» che mostra all'uomo un'alterità problematica per aiutarlo a posizionarsi rispetto a se stesso e rispetto al mondo. La *Cronaca* infatti continua: «Comunque sia, il ragazzo diceva spesso che se fosse stato per lui avrebbe preferito vivere con i lupi piuttosto che con gli uomini», e l'episodio si conclude raccontando come il "fenomeno" venne portato alla corte del principe Enrico di Hesse *pro spectaculo*, per dare *spettacolo*. La posizione eretta come forma corporea distintiva dell'umano (ancor più della parola), la brutale rieducazione ortopedica (che ricorda una tortura medievale) e la spettacolarizzazione finale (in un *setting* molto distante dal cuore degli eventi e dalla miseria che li aveva generati), sono gli elementi costitutivi dell'effetto-specchio che avrebbe dovuto portare l'uomo del Trecento a riconoscersi uomo in mezzo a un'umanità regredita e ferina.

Analizzando bene il racconto, si può notare che il ragazzo di Hesse è solo un manichino passivo che obbedisce al volere dei lupi prima (l'obbligo antievolutivo di andare a quattro zampe) e a quello degli uomini poi (l'obbligo pedagogico-culturale di risollevarsi alla natura umana). In altre parole incarna una pura funzione narrativa, fa da cerniera visuale tra due mondi antitetici. Quello che spicca è il richiamo della foresta, la nostalgia della vita con i lupi, che da un lato suona come una critica moraleggiante alla degradazione dei tempi (meglio lupi che non-uomini) e dall'altro incarna un clamoroso tradimento della specie, che deve diventare spettacolo, quello che Guy Debord indica come

Ukraine Today

Oxana Malaya (1983) abbaia al cameramen che la riprende. Nel 2006 Lo psicologo infantile Lyn Fry, il primo non Ucraino a visitarla, riscontra in lei un'età mentale di 6 anni ma nessuna traccia di autismo. La ragazza sa parlare ma senza intonazione, mostra sentimenti e capacità d'interazione sociale ma probabilmente non uscirà mai dalla struttura per disabili mentali in cui vive. Per l'occasione, come in un *reality* lacrimoso, Oxana viene fatta incontrare per la prima volta dal padre che l'aveva abbandonata. Video: un dialogo distante, come tra due sconosciuti, poi la sorellina Nina che non l'ha mai conosciuta rompe in singhiozzi e Oxana, mostrando empatia, la abbraccia teneramente. Il caso di studio, l'esperimento umano di riabilitazione, è inscindibile dall'appropriazione dei media: il dibattito innatismo-comportamentismo è solo un filtro scientifico-intellettuale per giustificare un sapido (e necessario) voyerismo di massa. Chi non è mai stato solleticato da un'estetica ridotta del sublime, quando si realizza con sollievo che, grazie a dio, non siamo nati come *loro*? Ma la retorica scientista del documentario ha uno scopo più largo: dirci che i lucchetti sono solidi, che l'umanità autoassegnata è salva, che l'oggi è sano, che lo sarà il domani. Proprio come in Ucraina oggi.

strumento di unificazione della società, e che nell'economia di una civiltà in crisi usa anche l'immagine di un ragazzo ferino per ristabilire i legami tra chi, in tempi di Bestie e di Apocalisse, decide di stare con l'Uomo. Ma la spettacolarizzazione del *feral child* è anche la traccia di un terzo elemento, meno evidente e altrettanto significativo, cioè la tensione nostalgica verso un mondo animale con cui un tempo esisteva un commercio più stretto, un dialogo, una pace edenica. Qualcosa che fa pensare all'intenerimento postmoderno per la vita animale, ma che ha radici molto lontane: per l'uomo del Trecento un lupo che prende in cura un bambino è un'allusione esplicita a *Isaia* 11, 6-9, cioè la promessa millenarista della soluzione di ogni problema, il momento della riconciliazione con il nemico atavico e anche, più in generale, la riparazione di una frattura immemoriale tra uomo e animale.

Nel combattimento finale di *Avatar* (2009) di James Cameron, il malvagio colonnello Quaritch apostrofa l'eroe: «Ehi, Sully, che effetto fa tradire la propria razza?». Il marine ha infatti rinunciato al corpo umano per abitare sempre più stabilmente un ibrido genetico alieno, barattando una vita da soldato menomato con la causa etno-ambientalista dei vigorosi nativi del pianeta Pandora. Tra un capitalismo coloniale intergalattico e l'innocenza di un popolo che vive in simbiosi ecologica con il proprio mondo, tra una cultura terrestre che avanza in sedia a rotelle e dei grifoni alieni cavalcati come protesi biologiche, la scelta è scontata. Ma alla domanda di Quaritch il Sully-alieno non sa rispondere, e reagisce con un semplice ringhio ferino. L'effetto di distanza ontologica è molto simile a quello che passa in un video dove Oxana Malaya abbaia contro il cameramen che la sta riprendendo. La bimba ucraina, gettata fuori casa dai genitori alcolizzati, pare aver vissuto il delicato periodo tra i tre e gli otto anni con un gruppo di cani, di cui ha assimilato linguaggio, abitudini e comportamento. Questo fino al 1991, quando è stata trasferita in un ricovero per malati di mente allo scopo di essere rieducata alla società civile. Quello stesso anno, proprio mentre i media "scoprivano" la ragazza-cane e il suo passato di

Bear Man America

Ed Lee Corbin in *True Grit* (2010) dei fratelli Cohen. Dietro ai molti ritratti cinematografici di uomini con pelli d'orso c'è lo scatto classico (1908) di Edward S. Curtis a Bear Belly, un indiano Arikara. Icona americana dell'esotismo *intra muros*, colui che caccia, pratica e indossa orsi ipostatizza la doppia anima rustica e civilizzatrice dell'uomo di frontiera, da Robert Redford nei panni di *Jeremiah Johnson* (1970) di Sidney Pollack fino ai *reality* di *Discovery Channel*. *Alaskan Bush People* (The Brown Family) o *The Last Frontier* (The Kilcher Family), ad esempio, perpetuano il mito di un'Alaska selvaggia e maestosa che, inscatolata nei teleschermi, funziona come lievito madre nel progetto identitario americano. Il survivalismo e la proposta apocalittica che lo accompagna hanno trovato nel lupo e nell'orso un *brand* totemico ineludibile, ma la selvatichezza promessa è solo un bestione ammaestrato e una pelle da indossare alla bisogna. Il tipo umano che la pelliccia ferina racconta e sdogana è per antifrasi il *gentleman* urbano, l'agricoltore laborioso, l'elettore fedele. L'autoetnografia nazionale, declinata dai *reality* in varianti periferiche che vanno dall'eroismo demiurgico (*Deadliest Catch*) al comico folk (*Duck Dinasty*) è la scuola mediatica più efficace di esclusivismo culturale.

miseria, l'Ucraina si staccava dal suo passato sovietico, dichiarava l'indipendenza ed entrava come Oxana Malaya in una stagione di nuove incertezze.

Juvenis ursinus Lithuanus, 1661

L'emergere di icone selvatiche in momenti di crisi storica sembra una costante antropologica, dall'Egisto di Procopio nutrito da una capra durante le Guerre gotiche (535-553 d.C.) a Jean de Liège che visse nei boschi fino all'età di 21 anni durante le Guerre di religione (c.a. 1630), fino al caso arcinoto di Victor de l'Aveyron nel decennio critico che seguì la Rivoluzione francese. Dall'antichità a oggi sono stati studiati almeno 140 casi di giovani che hanno vissuto un periodo della loro vita allo stato selvatico o in condizioni d'isolamento e deprivazione sociale. Da un punto di vista strutturale le loro storie si assomigliano. Molti episodi (esaminati anche da Edward Burnett Tylor e Claude Lévi-Strauss) sono stati spiegati come invenzioni o come l'esito di *deficit* psichici. Ma esiste un caso eloquente di *Homo sapiens ferus* (come li classificava Linneo) che introduce nel paesaggio un nuovo indizio. Si tratta del ragazzo-orso della Lituania, incontrato nel 1661 dall'ambasciatore olandese a Londra Van den Brande de Cleverskerk, che lo descrive in una lettera a Bernard Connor della Royal Society, e che Connor racconta a sua volta in *The History of Poland in Several Letters to Persons of Quality* del 1698.

Connor menziona nel suo libro altri due casi di ragazzo-orso, ma nessuno sembra avere una connessione reale e diretta con l'animale: i tre ragazzi selvaggi si muovono a quattro zampe, emettono versi simili al grugnito di un orso, uno di essi ha cicatrici sul volto che si presume siano state fatte dalle unghie dell'animale, un altro ha l'abitudine di mangiare carne cruda, pesce, miele e bacche (come gli orsi), ma non esiste un riferimento più pertinente. Solo uno di loro, addomesticato a portare acqua e legna, «non poté comunque essere convinto ad abbandonare la

Skin-changer Doctors

Mikael Persbrandt recita Beorn in *The Hobbit – The Desolation of Smaug* (2013) di Peter Jackson. La resa iconografica del personaggio tolkieniano ha diviso i *fun*, entusiasti o delusi dall'aspetto marcatamente *wild* & *wolfy* voluto da Jackson. Forse il design *over the top* è anche dipeso dal bisogno di prendere le distanze dal modello, abbastanza uniforme, sviluppato dalla *concept art*, che tradizionalmente aveva dato a Beorn un volto molto meno ferino. Una ragione possibile è che l'iconografia del personaggio è stata letteralmente occupata da Rubeus Hagrid del ciclo cinematografico di *Harry Potter* (2001-2011), un "mezzogigante" barbuto amante dei boschi e degli animali, praticamente identico al Beorn-Lumberjack immaginato fino a Jackson. Il truccatore di Persbrandt parla solo di criniera animalesca e di protesi nasale, ma è possibile avvertire la forza di gravità di un altro ritratto peloso, quello del Grinch interpretato da Jim Carrey in *How the Grinch Stole Christmas* (2000) di Ron Howard. L'arte di far "cambiare pelle" al volto di alcuni personaggi immaginari (si pensi a Dracula o al mostro di Frankenstein) per evitare interferenze iconiche, per favorire citazioni o per *lifting-marketing*, rivela i modi di una politica sommersa del ritratto che non riguarda solo la *fiction*.

sua nativa selvatichezza, che mantenne fino alla fine dei suoi giorni. E per questo andava spesso nei boschi dagli orsi, e stava in libera compagnia con essi senza alcuna paura, o senza riceverne danno, essendo, come si suppone, costantemente riconosciuto da loro come figlio adottivo». Supposizioni, appunto, libere associazioni. Ma per l'Inghilterra del tempo la Polonia-Lituania era un luogo esotico ai margini del mondo civile, una *enclave* primitiva e selvaggia che anche oggi alcune agenzie turistiche spacciano come "l'ultimo angolo di *Wilderness* in Europa". Bisogna pensare che in Gran Bretagna l'ultimo lupo fu ucciso nel 1680, mentre gli orsi selvatici si erano estinti già prima dell'anno Mille. Fino al XIX secolo, però, in apposite arene, si praticava il *bear-baiting*, uno spettacolo cruento con cani da caccia che tormentavano e uccidevano un orso incatenato. Si può dunque immaginare quale effetto potesse avere sul lettore inglese la notizia di un ragazzo-orso ritrovato in una terra remota e infestata da cose selvagge: una meraviglia naturale che apriva una distanza retrospettiva sullo spazio e sul tempo. Un'immagine capace di lavorare sulle coscienze.

Il *bear-baiting* è infatti una traccia eloquente della spettacolarizzazione del selvatico e della sua uccisione rituale in una terra che già nel Medio Evo aveva raccolto e normalizzato in Robin Hood il *Green Man* e lo Spirito della Foresta di origine celtica. Altrettanto eloquente è il fatto che il *bear-garden* più famoso d'Inghilterra fosse situato nel Paris Garden di Londra, un'area alberata piuttosto "selvatica" che risuonava in permanenza di versi di tori, orsi, scimmie, cani e cavalli destinati agli spettacoli, in un quartiere socialmente iperattivo, pieno di arene, teatri, bordelli e sale da gioco. Alcuni ricercatori hanno insistito sul fatto che per lo spettatore elisabettiano il teatro e i giochi cruenti con animali erano eventi isomorfi, tanto che all'epoca la gente si confondeva e chiamava il Bear Garden "The Globe" e il Globe Theater "Bear-baiting". Anche le architetture dovevano somigliarsi, ma il punto essenziale è che il *pubblico* era lo stesso, desideroso di misurare nella rappresentazione del dramma e della violenza il proprio grado di distanza dalla selvatichezza umana e ferina.

The hairy side of the Force

Star Wars (1977) di George Lucas: Chewbecca e Peter Mayheu che ne ha indossato il costume. Erede *extralarge* del cugino Itt della Famiglia Addams, Chewbecca è forse uno dei personaggi più rappresentati nei *memorabilia* cinematografici di ogni tempo, dalle riproduzioni 1:1 ai tappeti da salotto. La sua fortuna deriva da una caratterizzazione iperconnotata e al tempo stesso neutra. Tutto pelo, goffo, non troppo sveglio, dotato di linguaggio animalesco e incomprensibile, trattato *quasi* alla pari dai suoi amici, ha comunque qualche lato inquietante: è irascibile, forte, grosso, e chissà quali segreti nasconde sotto tutto quel pelo. Alcune fotografie di scena ritraggono una divertita Carrie Fisher (la Principessa Leila) che bacia sulla bocca Chewbecca e si lascia toccare il seno, variante *glamour* e SF dell'archetipo sessuale della Bella e la Bestia o della Dama e l'Orso. Il *sex appeal* del *big monkey-bear* è qualcosa d'imprendibile ma reale. La tricofilia o il feticismo da pelliccia sono una storia nota. Oggi prendono nuove forme, come nel *Furry fandom* (personaggi mammiferi umanizzati) e nei *Kemonomimi* (*anime* giapponesi con umani dotati di orecchie e code animali), anche se il porno animato di genere è la vera frontiera del sesso immaginario con esseri antropomorfi pelosi.

Per la stessa ragione molti *feral children* sono diventati spettacolo: per il piacere misto a orrore di guardarsi nello specchio deformante del selvatico, per la nostalgia voyeuristica di un mondo lontano nel tempo e nello spazio, per rinchiudere e addomesticare l'Uomo Verde in un giardino urbano.

In Francia, tra il 1630 e il 1740, sono stati segnalati tre ragazzi selvaggi, Jean de Liège, Memmie Le Blanc e la Fille sauvage de la Forêt d'Issaux. La foresta d'Issaux e la contigua foresta d'Iraty nei Pirenei sono il teatro di dense tradizioni folkloriche basche (Baxajaun, il "Signore selvaggio") e francesi (Jean de l'Ours, figlio di una donna e di un orso). In seguito alla massiccia deforestazione tra il XVI e il XVIII secolo erano diventate una delle ultime aree-rifugio dell'orso e del lupo. Nel 1807, a Vicdessos, sempre nei Pirenei, venne catturata una donna che qualche tempo prima era stata avvistata nuda in mezzo agli orsi. Prima di morire dopo neanche un anno di cattività, raccontò in modo stentato di essere stata un'aristocratica francese rifugiata in Spagna durante la Rivoluzione. Nel tentativo di rientrare in patria era stata attaccata e violentata da un brigante, che l'aveva lasciata nuda nella foresta, e da allora era stata accolta e protetta dagli orsi. Una storia dal sapore famigliare, dal momento che le unioni sociali e carnali tra uomini e orsi sono un tema frequente nel folklore europeo, russo ed asiatico. Ma quello che conta è che l'intensificarsi di avvistamenti e ritrovamenti di uomini selvaggi a partire dal Seicento rappresenta nella sfera dell'irrazionale e dell'inconscio un cambiamento nel modo di guardare la natura: proprio negli anni '30 del XVII secolo Luigi XIII aveva cominciato i lavori ai Giardini di Versailles, che durarono per tutto il regno di Luigi XIV, e proprio durante il regno del Re Sole Jean-Baptiste Colbert varò una riforma drastica per contrastare la decadenza delle foreste francesi. Da un lato giardini e foreste razionali dall'altro ragazzi selvaggi, da un lato Versailles decaduta dall'altro il ritratto illuminista di Victor de l'Aveyron. Spazi e antispazi (verdi) a cavallo della Rivoluzione.

Fruits of the Doom

First contact con Sujit Kumar legato al letto. La testa dell'uomo-pollo sta per voltarsi e, come in un lampo, guarderà dritto in camera. In quel momento è chiaro che l'operatore davanti a lui è invisibile, una superficie non scritta e non letta. L'occhio che guarda ma non vede è uno scandalo per i nostri parametri di comprensione interpersonale, come una bocca che si apre ma non emette suono. Il senso d'isolamento disorientato che ne deriva chiede una corposa riduzione delle lacune. È così che nasce lo *storytelling* visuale di Sujit Kumar, un racconto a senso unico, un prodotto esclusivo per la parte "sana" di una società che cerca rassicurazioni. L'Inferno di reclusione (le prime immagini del bruto alla catena), il Purgatorio di comprensione (Sujit ritratto all'aperto davanti a decine di polli becchettanti), il Paradiso di integrazione (lui al centro di persone sorridenti che comunicano amore e scambio). Per ognuna di queste immagini è ben individuabile il vettore preordinato e preordinante dello sguardo di chi le ha montate e prodotte. Meno immaginabile è il gesto di approssimazione, la scelta dello sfondo, del vestito, dello scatto, e tutta quella ridondanza di segni che una maglietta troppo bianca o un sorriso imprestato riescono a schermare.

Homo gallinaceus Fijensis, 2005

Forse è così che Linneo avrebbe classificato Sujit Kumar, l'uomo-pollo delle Fiji. La sua storia non è diversa da quella di tanti bambini abbandonati a se stessi e poi ritrovati in condizioni mentali che non ci lasciano meravigliati. La differenza è nella "copertura mediatica", perché questa volta il *first contact* è stato filmato. Elisabeth Clayton del Rotary Club di Suva, Fiji, sta visitando l'ospizio locale. Verso la fine della visita la donna guarda in camera e addita quali lavori di manutenzione vadano fatti. Dietro di lei, su un letto separato dagli altri, si vede un uomo seduto con le braccia raccolte contro il petto e i pugni ripiegati sotto il mento. L'uomo scruta ripetutamente la telecamera e la donna, la telecamera e la donna, con piccoli scatti della testa. Qualcosa di meccanicamente ferino, di puramente biologico, che spalanca una voragine di non-comprensione, mentre la donna ricca e illuminata traghetta nel degrado locale la propria idea di civiltà. Lei non se ne accorge, non subito, ma un momento dopo vede l'essere alle sue spalle, e possiamo supporre che qualcosa sia scattato, forse quello stesso sguardo di pietà che commuove Rousseau e Itard davanti al Selvaggio.

Difficile dirlo. Ma è il momento immediatamente precedente che conta, perché nella sua totale accidentalità è ancora in salvo dal dispositivo teatrale che organizza in materia sociale l'incontro tra due antitesi. In quella breve sequenza si assiste infatti allo spettacolo del "filosofo" che non si è mai visto "esser visto" dall'animale, quello che Derrida descrive come lo «strano istante in cui, senza accorgermene o volerlo, passivamente mi presento nudo davanti a lui, visto, e visto nudo, ancora prima di vedermi visto da un gatto». Ma qual è la nudità di Elisabeth Clayton del Rotary Club di Suva, Fiji? Probabilmente l'attimo di panico nel sentirsi sopraffatti di fronte a un abisso ontologico, il vuoto percepito come vergogna che, dopo un primo smarrimento muto, si tenta di compensare con molto agire, molto studiare, molte parole.

Bollywood never forgets

L'attore di film indi e bojphuri Sujit Kumar (1934-2010). Che cosa attira
lo sguardo del personaggio? Visto dalla cornice dell'Occidente moderno,
il ritratto è opaco: i baffi a tratto di matita e i capelli laccati creano un'interferenza insormontabile e fanno immediatamente scivolare l'immagine
nel *cliché* oleografico e da calendario dell'*Indian Kitsch*. Intuiamo un'alterità
ma la perdiamo subito, la ritroviamo e la perdiamo di nuovo. Si tratta infatti di un'estetica che, per quanto stilizzata in modo autonomo, denuncia le tracce di un ibridismo coloniale. Un doppio movimento, una negoziazione permanente: da un lato il debito nei confronti della cultura ege-
monica, del *medium* straniero (illustrazione, fotografia, cinema, pubblicità)
e del *corpus* iconografico che porta immancabilmente con sé, dall'altro il
riscatto nazionalistico hindu attraverso la diffusione in massa di modelli
tradizionali rivisitati. Qui Sujit Kurmar sta guardando uno *Shiva linga*, un
altare fallico simbolo di energia creatrice e distruttrice. Kumar che guarda
il *linga* è guardato a sua volta dalla cinepresa e dallo spettatore al cinema.
Il quadrato semiotico di sguardi che lega Shiva, il Personaggio, la Cinepresa e lo Spettatore consente molte letture, ma soprattutto ci aiuta a
perdere il sorrisino ironico da cui eravamo partiti.

Infatti la veridica istoria di Sujit Kumar non è la narrazione del suo *prima*, cioè il nonno che, non sapendo cosa fare di lui dopo la morte dei genitori, lo ha tenuto rinchiuso in un pollaio dai tre agli otto anni, o che una volta "salvato" ne ha passati ventiquattro legato al letto di un ospizio. La vera storia è il suo *dopo*, quella delle prove di recupero mentale e sociale, quella del chiarimento della sua posizione biografica, clinica, neurologica e insomma tassonomica: un doppio fallimento cognitivo e ontologico, tamponato tappa dopo tappa da un meticoloso processo di distanziazione iconica. La Signora delle Immagini è ovviamente la scopritrice e guardiana dell'uomo-pollo, Elisabeth Clayton, una laurea in scienze del comportamento, cristiana devota dopo la morte sull'Everest del marito, fondatrice di *The Happy Home Trust* per bambini disagiati. Leggendo il racconto della donna sul primo incontro, colpiscono due termini insistenti, che sembrano perimetrare la sua impressione emotiva: *sikness* e *disgust*, nausea, disgusto, per lo sporco, per le feci con cui l'uomo giocava. Di qui una slavina di domande che travolge Elisabeth, che lei compulsivamente trascrive e a cui tenterà di rispondere negli anni successivi. Di qui l'accanimento fisico con logopedisti e psichiatri infantili, o i video e gli album fotografici di Sujit sul sito, su youtube, su facebook, come uno *script* in attesa di un *reality* o di un *TV movie*. Fino all'icona finale, il sigillo F.C.C. (*Feral Child Certified*): il gheriglio di noce del suo cervello nell'*ex voto* in scala di grigio di una risonanza magnetica. Niente di anomalo da segnalare. Allora una fuga vertiginosa *frame* dopo *frame* da quel primo disgusto, da quelle feci che l'uomo-pollo, *non poteva, non doveva* aver mangiato («Please no, this can't be happening»)... Umanitarismo di lusso, vuoto d'affetto, maternità in menopausa, oppure carità cristiana, compassione sincera, dolorosa pietà. Ma soprattutto orrore, per quello che *noi* potremmo essere, per quello che invariabilmente siamo quando qualcosa s'inceppa nella macchina antropologica.

Bisogna chiedersi perché Linneo abbia voluto scavare una nicchia a parte per *Homo sapiens ferus*, tradendo così il fatto che la sua grande tassonomia razionale era in realtà una *folktaxonomy*

Poultry Uncanny

Un altro uomo-pollo. L'artista Lewis G. Burton ha creato con Victor Ivanov una muta in pelle di pollo cruda. L'idea di una "crisalide identitaria" fatta di pelle (umana) è un tema ricorrente in Rete: dagli Aztechi al Jame Gumb de *Il silenzio degli innocenti*, che scuoia le proprie vittime per farne un vestito di trasformazione. Ma nel caso di Burton l'idea è di esplorare i modi in cui l'identità viene mercificata dai *media*: il residuo di un prodotto ricopre il soggetto e lo trasforma in qualcos'altro, ma la sua presenza *on line* e *off line* gli conferisce una nuova identità (chiamata, ovviamente, *Flesh*) con cui il pubblico interagisce modificando la propria (cyber)identità. Per rinsaldare il patto tra Flesh e il (cyber)utente, è stata inventata una gamma di prodotti che utilizzano il *pattern* della pelle di pollo: coperte, ciondoli, cravatte, bavaglini per poppanti, *cover* per *smartphone*, carta da parati. Le cuciture effetto Frankenstein e la semitrasparenza della pelle umida potrebbero dare la stura a una serie di considerazioni sul senso del macabro nell'arte, su *transgender* e *metagender*, sul *posthuman* chimerico e sull'ibrido teriomorfo come sublime contemporaneo, ma al nocciolo del ritratto di questo *Chickenman* resta l'archetipo della tutina-passamontagna del supereroe di serie B e del lottatore di *wrestling*.

euroccidentale in cui mente scientifica e mente mitopoietica erano (e sono) intimamente legate. Il neoilluminismo contemporaneo si traveste da neuroscienza, ma continua a mancare il bersaglio: tra *Wunderkammer* sociale e *camera obscura* esorcizzante, gli *enfants sauvages* sono tracce di un esercizio della distanza visuale come condizione indispensabile della ragione mediatica. L'insistere narrativo, per ognuno dei 140 casi di ragazzi selvaggi, sull'allontanamento (necessario) dal vissuto ferino e sul riaddomesticamento (biopolitico) della deviazione, distolgono lo sguardo dall'essenziale: le icone selvatiche non sono una reazione anomala, sono parti emerse del sistema spettacolare che garantisce, perpetua, giustifica e illustra la separazione di un "noi" da un "loro". Quello che fanno queste icone è mantenere il dislivello, il loro scopo non è la resistenza, ma la quiescenza, l'abbandono, e in quanto forme di autorappresentazione litotica dei buoni e dei giusti ("non siamo mica selvaggi noi!") lavorano per una scienza del dominio.

Bisogna capirlo. Non è più il rassicurante carnevale bachtiniano o l'energia centrifuga reincanalata in uno spazio striato. È l'invenzione di uno spazio cieco in cui il senso di vuoto e il vuoto di senso portano a consacrare il meno peggio e lo *status quo*. In questo spazio di astensione, in questa filza d'intervalli, galleggiano immagini di pura contemplazione, dove non resta più niente del valore vissuto. Allontanate dallo spazio selvatico, rieducate con armature di legno, raddrizzate dalla logopedia del potere nella loro trivialità di vita allo stato puro, sono solo l'Altrove, la Restaurazione, la Stabulazione finale. Warburg parlava di crisi della distanza e affermava una filosofia della civiltà che voleva contrastarne l'annullamento, ma il problema contrario, cioè l'eccesso di distanza connaturato alle immagini di separazione, alle immagini-dominio, era là molto prima dei cavi elettrici sulla testa dello Zio Sam. Sujit Kumar di Suva, l'uomo-pollo delle Fiji, e Sujit Kumar di Varanasi, la star di Bollywood, non sono legati solo da un nome. Entrambi sono merce, nel senso metafisico del termine.

Resistenza

Wilderness 2.0

Valhalla Beef

One-Eye (Mads Mikkelsen) in *Valhalla Rising* (2009) di Nicolas Winding Refn. Volto e paesaggio si citano a vicenda: arcata sopraccigliare e taglio della bocca in primo piano tracciano linee d'ombra che sembrano continuare nelle morfologie d'erba e di terra sullo sfondo. Le anatomie del paesaggio e il processo di geografizzazione del corpo si condensano perfettamente nell'occhio guercio, un *aleph* cieco che funziona da fuoco prospettico. Citazione di Odino e della sua veggenza, metonimia di una violenza incorporata, l'occhio-pelle-di-pollo di One-Eye è uno stigma facciale dal potere sottrattivo (repulsione sociale) e attrattivo (fascino del sopravvissuto). Qui non bisogna pensare ai ritratti di poveri ciechi (Duccio, Bruegel il Vecchio, Schiele), ma ad Ascanio della Corgna dipinto dal Pomarancio: un'esposizione orgogliosa dell'handicap. Studi sul moto involontario dell'occhio del datore di lavoro davanti a un candidato con stigma facciale mostrano che la difformità riesce a catalizzare l'attenzione al punto da distrarre dai contenuti dell'intervista. Il cervello è catturato, avvinto e sfinito, lo sguardo selettivo parcheggia l'occhio in un limbo. La regia di Winding Refn lavora per dilatare la cicatrice dal volto al corpo al paesaggio, fino a incistare l'intero film.

Sale di proiezione

La società dello spettacolo di Debord è una biblioteca di feti alieni murata sotto una piramide di condiscendenza. Con solo due frasi del libro si sarebbe potuto smascherare l'ultimo ventennio di politica e di cultura europea. Ma in quelle pagine esistono smascheramenti anche più preziosi, dedicati agli avveduti (o agli ignari) cavalieri della contropolitica e della controcultura. Gli intellettuali della Wilderness sono tra questi: ridiscesi dal Monte Analogo al Porto-delle-Scimmie, rieducati e addestrati al nuovo discorso verde, stanno utilizzando gli spazi del cinema, dell'arte e dell'associazionismo ecologico per autorappresentarsi in modo esemplare, per stare al centro piuttosto che scavare spazi di distanza critica tra sé e il corso delle cose. Eccoli.

Debord ci dice che la società spettacolarizzata, per dare compiutezza al sistema di cui si fa carico, «offre ai rivoluzionari locali i modelli della falsa rivoluzione», predispone personaggi semplificati, prototipi di vita apparente, *vedettes* che impersonano «tipi vari di stili di vita e di stili di comprensione della società». E mentre lo fa, evoca anche le anti-*vedettes* che daranno alle prime una legittimazione dialettica, cioè descrive i modelli di comprensione e di adesione che condizionano l'antisocietà. Di recente questo ruolo esemplare si è dissociato dal bisogno di un personaggio vero e proprio, e viene affidato alla retorica formale della *fiction*, tanto che le ultime *vedettes* e anti-*vedettes* in carne e ossa devono adottare per esistere non un copione ma lo stile visivo di un *reality*, non storie compiute ma allusioni di storie affidate a singoli

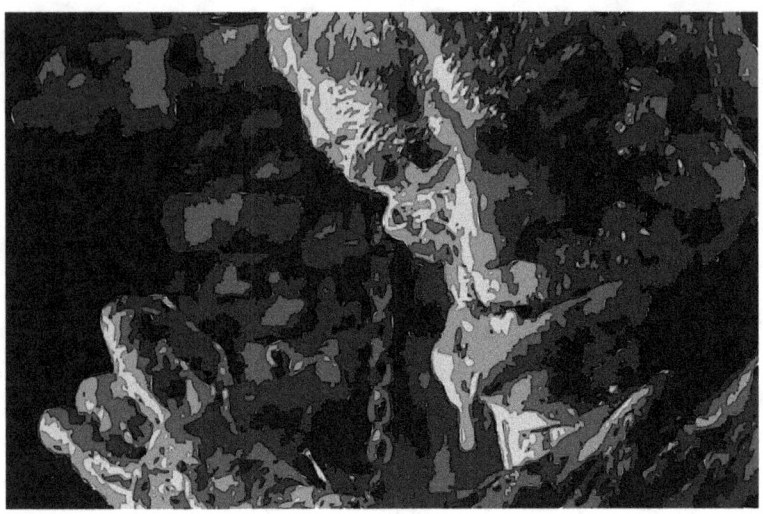

Call me Cain

Grendel in *Beowulf* (2007) di Robert Zemeckis. Ultimo discendente della stirpe di Caino, mostro antagonista del principe dei Geati, Grendel ha un'iconografia vaporosa e plurima. Il poema originale non offre indizi fisiognomici e la *concept art* si è sbizzarrita attingendo a licantropi, demoni occidentali e orientali, rettili antropomorfi e troll. Il ritratto inventato da Zemeckis ha una doppia efficacia: il classico effetto-specchio che lega l'eroe e il mostro fino a confonderli in un'unica fisionomia sovraumana non è volutamente esplorato; come nel racconto *Grendel* (1971) di John Gardner, il punto di vista del mostro è preso in conto, in questo caso attraverso allusioni alla solitudine e alla tenerezza madre-figlio. L'aspetto *very hugly* di Grendel non è sufficiente a renderlo un alieno, anzi, scivolando in un'iconografia ai limiti del *politically correct*, è facile cogliere in lui una famigliarità disturbante: il prognatismo esagerato, il filo di bava, gli occhi piccoli nella testa idrocefala avvicinano il mostro al ritratto di dolore fisico e psicologico di un grosso bambino deforme, un soggetto di vergogna rigettato e tenuto nascosto. Anche qui però non può mancare il citazionismo hollywoodiano: dietro al personaggio in *motion capture* c'è l'attore Crispin Glover, icona di ruoli *creepy* e bizzarri.

frames di vita apparente. Bisogna infatti cominciare a pensare che lo *storytelling* di cui si parla sempre più spesso sta in realtà volgendo al termine. Siamo entrati in sordina nell'era del *movie trailer*.

Un esempio che si fonda sulla nuova strategia visuale e che ha contribuito a traghettarne la tecnica anche nel cinema semi-indipendente, è *Valhalla Rising* di Nicolas Winding Refn. Il regista danese, provando a realizzare una pellicola alternativa, ha prodotto in realtà una perfetta spettacolarizzazione della controcultura e del selvatico surmoderno. Si tratta forse di uno dei film più interessanti degli ultimi anni, ma quando lo si guarda è come fumare un pacchetto di *American Spirit* o bere una bottiglia di tequila biologica: sono "naturali", sono "migliori", e un po' alla volta anche loro ti uccidono. Perché *Valhalla Rising*, più di *First Blood* o di *Batman Begins*, è un agente visuale del sistema di dominio. Il protagonista One-Eye è la scandinavizzazione di Rambo, cioè è l'antirambo per antonomasia (secondo un *cliché* ormai fiacco che contrappone un'Europa del Nord sperimentale e indipendente a un'America consumista e in ostaggio delle *Majors*), mentre il dislivello formale e concettuale che dovrebbe distinguere l'approccio di Refn da quello hollywoodiano è affidato a tecniche di ripresa e di montaggio che fanno somigliare il film a un lungo *videoclip* dei Sigur Rós (ad esempio *Glósóli*, *Dauðalogn*, *Varúð*, *Ágætis Byrjun*...): grandi paesaggi e uomini nei paesaggi in una versione digitalizzata e *glamour*-imbarbarita di Caspar David Friedrich.

Per i più esigenti è stato garantito un minimo sindacale di ideologia *engagée* (la Gerusalemme degli improvvisati crociati è spodestata da un Vinland escatologico ancora più selvaggio e pagano della "Wilde Scotland" dell'inizio della pellicola), mentre a ritmo regolare gli atti di violenza estetizzata pagano un pedaggio standard all'*Apocalypse Iconic System*. Ma il film ha una forza incontestabile, profonda, che gli viene dal totale *dérobement* diegetico: non c'è bisogno di sapere/seguire la storia, basta farsi prendere dal flusso d'immagini, che funziona esattamente come un ipnotico *stream of consciousness* joyciano, con la differenza che qui non occorre restare all'interno di una traccia di senso. L'idea

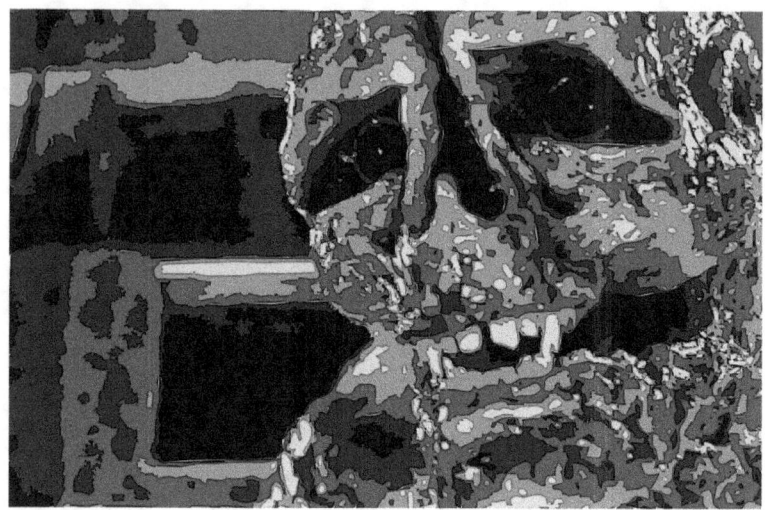

Please, mommy...

Un altro cocco di mamma: Newborn in *Alien Resurrection* (1997) di Jean-Pierre Jeunet. Cocktail genetico del caro vecchio alieno e della povera Ellen Ripley, lo Xenomorfo ha tratti "decisamente" umani se paragonati a quelli di Alien di Hans Rudolf Giger. Il movimento narrativo ed estetico vuole gettare un ponte visuale ed emotivo tra Newborn e la "madre" Ripley, allontanando la creatura dal modello alieno pre-mutazione. Abbastanza simile a una zucca di Halloween finita nel microonde, evocativo della faccia a bistecca di Freddy Kreuger e del cranio in superlega di Terminator, questo volto compiutamente paesaggificato è tra i più grotteschi e convenzionali della storia del cinema horror. Il *design concept* di *Amalgamated Dynamics inc.* subisce la tradizione iconografica della saga e innova fin dove può, fermandosi a mezza via tra Giger e un *B-movie* sugli zombie. Più interessante la richiesta di Jeunet di dotare Newborn di un doppio sesso, pene e vagina oscenamente anatomici come in uno *shunga* giapponese, ovviamente eliminati in postproduzione. L'ermafroditismo genitale, utilizzato per rafforzare l'idea di incorporazione biologica dello straniero, denuncia i limiti semiotici del volto, la sua resistenza a raccontare la presenza simultanea di generi e tipi diversi.

è quella di imitare la *trance*: non-comprendere le immagini per farsi comprendere da esse. E fingendo di utilizzare la tecnica formulare e paratattica del narrare epico, il film assembla una filza di *trailers* pittoreschi che potrebbero anche esistere in modo autonomo e che (come accade quando si legge Joyce) incoraggiano il meccanismo per cui il senso di colpa del non capire diventa autentificazione del non capito. Lezione pratica: come prendere la scena finale di *Aguirre furore di Dio* di Herzog e dilatarla per 88 minuti senza annoiare troppo.

Il cambiamento di linguaggio, in realtà, era già avvenuto nel 1992 con *Alien 3* di David Fincher, dove il *videoclip* si era sostituito allo *script* e le tecniche di *commercial advertising* avevano utilizzato la stimolazione biologica (calibrata su tempi di attenzione e su risposte emozionali automatiche) e la moltiplicazione di sequenze iconiche organizzate in una specie di moto browniano. Questo salto visuale dal solido al gassoso nasce e si perfeziona nel *trailer* cinematografico, dove non solo si è rinunciato da qualche tempo a comunicare la *fabula* del film, ma si è passati da una comunicazione sistematicamente distorta alla Habermas alla promozione feticistica di pure immagini e di atti deliberati di non-comunicazione. Attraverso piani-sequenza irrazionali, sintassi criptiche, slogature visuali, allusioni senza referente, metonimie iconiche a perdere, eclissi di contesto, il *trailer* riesce a esistere senza bisogno del film, e il film, che lo imita per restare al passo, si adegua stilisticamente alla sua oscura afasia.

Alcuni blogger hanno misurato inconsciamente la temperatura del fenomeno: «*Valhalla Rising* è come venuto fuori da una collaborazione tra Andrei Tarkovsky, Werner Herzog e Terrance Malick dopo che si sono incontrati e hanno guardato assieme *Apocolypse Now* e una mezza dozzina di vecchi video di arti marziali miste, sotto l'effetto di droghe allucinogene e con l'idea di fare un film d'ambiente freneticamente violento»; «Refn ha chiaramente modellato questo film per un impatto stilistico massimo, e fa un uso della musica di Peter Kyed tanto abile quanto quello della tecnica cinematografica. Con rumori di rocce e di canti tonali pre-gregoriani, la colonna sonora crea

The walking head

Lo zombie non è solo uno *Z(ero)-level* di umanità, l'umano ridotto al suo nocciolo meccanico, il fantoccio che saremmo (e saremo) se separati da noi stessi. Lo zombie è soprattutto il grado zero della dialettica identità/alterità racchiusa nell'icona-*shock* di un volto-palinsesto. Nella faccia-non-più-faccia del morto vivente è sempre leggibile un *prima* incistato nell'*adesso*, il passato familiare nel presente straniero, l'io altrove nell'altro qui. Ma l'effetto doppiofondo, declinato in vari gradi di trasparenza-opacità, non è un apocalittico *memento mori* o una rappresentazione perturbante del rischio di perderci. La norma codificata dai film di George Romero è anzi quella di un'assuefazione-irriverenza verso la morte e il corpo. L'estetica *splatter* dei mille modi per "disattivare" uno zombie ("chi se ne frega, tanto è già morto…") scivola quasi sempre in un gusto grottesco al limite della farsa. Decapitazioni, trafitture del cranio, spappolamento di teste con mazze, stivali o addirittura libri diventano operazioni dissacranti per smontare l'intangibilità del volto ("niente anima? finalmente rompo una faccia"). Questa traduzione del viso in oggetto, in materia-memoria morta, e la sua iconoclastia seriale, sono un ennesimo dispositivo carnevalesco con le sue ruvide tattiche liberatorie.

stati d'animo di aggressione informe e primitiva, di paura, e tagli surreali nel mondo diegetico»; «Essenzialmente *Valhalla Rising* è quel tipo di film che i professori d'università amano perché è così rarefatto che sul suo significato si può scrivere un articolo convincente, praticamente tutto quello che si vuole»; «Raccomando questo film a coloro che preferiscono le immagini al dialogo, o semplicemente se si ha voglia di un film visivamente interessante»; «Dovete guardarlo con un buon *surround sound system*». Esempi raccolti un po' a caso e un po' in fretta, ma che registrano la perfetta indecidibilità o equipollenza tra lettura e non-lettura del film, tra Wilderness autentica/primordiale e abbandono mistico a un immaginario *motion capture/computer graphics*. Due anni prima, nel 2007, era uscito infatti il *Beowulf* di Robert Zemeckis, gemello hollywoodiano di *Valhalla Rising*, dove il tema archetipico della selvatichezza depositato nell'originale poema anglosassone era stato definitivamente assorbito nelle maglie spettacolari del digitale.

Gallerie d'arte

In *Valhalla Rising*, cosa che non accade in *Beowulf*, si registra la resa incondizionata del mezzo a una visione reazionaria e irrazionale del selvatico, secondo l'equazione Wilderness : Cultura visuale = Caos iconico : Mondo diegetico. Il lato selvatico viene cercato e rappresentato in un assemblaggio uomo-natura che non è più un crudo montaggio a taglio, ma una dissolvenza bio-geologica tra due *textures* che si intrecciano come vetrini sovrapposti: rocce come ossa, viscere come pietre e muschi, carni d'uomo e di mondo senza traccia d'interruzione o di sutura. Un linguaggio visuale completamente permeabile (negli aggiustamenti semplificati della memoria) e completamente impermeabile (nella cattura kubrickiana dell'occhio) a una tracciabilità del senso, della soglia, del confine. Un linguaggio che crea ovviamente il proprio ambiente ideologico, che prepara la ricezione e l'accettazione del nuovo stato gassoso della sintassi iconica, che

Dr. Death, I presume

Gunther von Hagens è ritratto davanti a uno dei suoi cadaveri plastinati. Nelle immagini in Rete indossa sempre un cappello nero, omaggio consapevole alla *Lezione di anatomia del dottor Tulp* di Rembrant, ma non alla "divisa" artistica di Joseph Beuys, come ci tiene a sottolineare nonostante i numerosi accostamenti. Von Hagens, per moltiplicare i volti dietro al proprio autoritratto, menziona anche Jeremy Bentham (1748-1832), che donò il proprio corpo alla scienza affinché fosse esposto in quella che lui stesso definì un'*Autoicona*. Lo scheletro fu vestito degli abiti del morto ma la testa, malamente disseccata nel processo di mummificazione, perse l'originaria fisionomia e fu sostituita con una testa di cera dotata di un grosso cappello. La testa originale, piuttosto raccapricciante, fu comunque esposta per qualche tempo a terra tra i piedi di Bentham. La ritrattistica macabra, con i vari Cristi morti da Bellini a Holbein, con lo studio di testa di cadavere di Charles Emile Callande de Champmartin, con le tele di Francis Bacon o di Ivan Albright fino alle fotografie dei corpi senza vita di Che Guevara o Gheddafi, non sono solo esplorazioni delle fluttuazioni di confine tra vita e morte, tra animato e inanimato, ma anche riflessioni sullo sguardo mancante di chi non vede più.

apre un antispazio inedito che per la prima volta ha il potere di tematizzare a senso unico *qualunque* tipo d'immagine. Wilderness, Apocalisse e Utopia, come formule visuali evaporate, possono adesso lampeggiare in un *fight club*, in un domino che si autodistrugge, in una freccia infuocata. L'importante è produrre lo scarto percettivo dal qui e dall'ora, e per farlo basta il montaggio browniano delle immagini, che può creare da sé tutto il senso di Altro(ve) che serve. Trattandosi poi di stimolare una risposta somatica e neurofisiologica (scarti di volumi, scale, anafore, tempi, impatti) ancor prima che ideologica, la nuova tecnica di confusione visuale ha un potere assolutamente trasversale, che può fare astrazione da età, cultura, contesto di fruizione, intenzionalità, occasionalità, contenuto, costo, fine. In altre parole non fa sondaggi di mercato, funziona e basta, con la sufficienza e l'arroganza di chi ha in mano la giocata più forte. E si potrebbe pensare ancora una volta al linguaggio pubblicitario, ma di fatto siamo già molto più in là, perché non si tratta di vendere una merce, ma di mostrarla sottraendola, di educare al come nascondendo il cosa: la pubblicità di una macchina nel paesaggio non vende solo la macchina ma anche "paesaggio con macchina", cioè un'idea di ambiente in cui la fusione tra natura e tecnologia è cosa buona e giusta.

Nel caso della Wilderness surmoderna, però, il laboratorio di esperimenti visuali non è la pubblicità ma la videoarte, la *Land Art* e certa eco-arte contemporanea. Potremmo infatti partire dall'archetipo degli archetipi, il Beuys di *I like America and America likes me* (1974), che è una bella meta-visualizzazione critica della dialettica selvatico-naturale/civilizzato-capitalista, ma in cui si intravede già, come direbbe Debord, una notevole «abbondanza spettacolare», una di quelle «false opposizioni arcaiche» in cui ruoli «esclusivi ed embricati» nascondono «l'unità della miseria». In totale antifrasi d'ambiente penso al *Mistery Film Experiment* dei Sigur Rós, 16 video di "registi di talento" che accompagnano l'album *Valtari* (2012), e il cui *concept* non è (come viene enunciato a livello programmatico) la totale libertà visuale concessa ai realizzatori, ma la promozione della "scelta

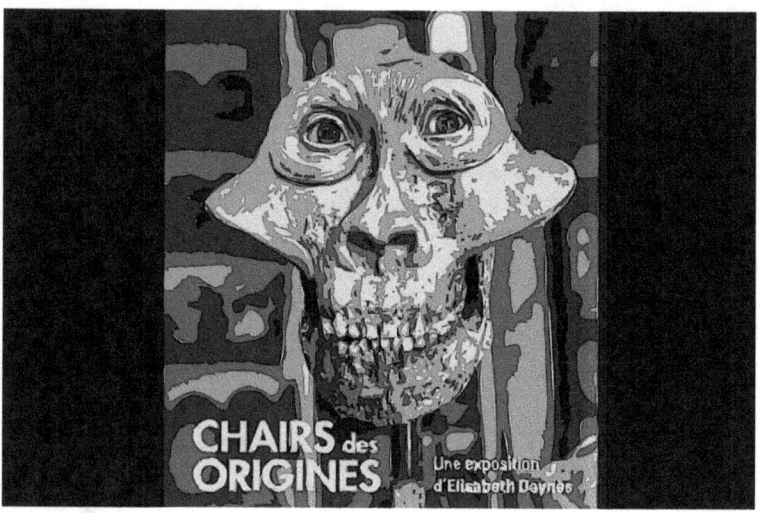

Primal freak

Testa di *Australopithecus* solo parzialmente ricostruita. L'allestimento, a cavallo tra esposizione scientifica e mostra d'arte contemporanea, dichiara di voler «guardare negli occhi dei nostri antenati», per ricordarci che se le cose fossero andate diversamente avremmo potuto vivere in un'«umanità plurale». La macchina identitaria entra in diffrazione: da un lato l'effetto-specchio più volte evocato, dall'altro il buonismo multietnico rivisitato in chiave multispecifica. Ma l'alterità come terra promessa e come luogo d'incontro e convivenza pacifica è solo l'etichetta scollata di una declinazione preistorica del macabro. Lo stupore carneo, i fremiti morbosi dei fasci scoperti tracciano una linea sempre incerta tra ricostruzione e dissoluzione, tra ricomposizione delle forme e decomposizione dei tessuti. La strategia visuale in atto non si limita a usare il *sex appeal* dell'effetto-verità o del morto vivente per allestire un'operazione culturale e/o commerciale. Il pacchetto a sensazione include un modello insolito per ridisegnare i rapporti tra individuo e comunità: il *freak* non è più il povero diavolo messo ai margini, ma l'icona espressionista di una pulsione dissacratoria, di una sensualità neobarocca che estenua le zone di confine e le rende permeabili all'incontro.

totale", che fa diventare l'immagine (qualunque essa sia) una spugna neutrale del contenuto sonoro (e commerciale).

Questa plasticità adattativa, questa epidermide diffusa dell'immagine, è l'esito d'innumerevoli scavi artistici operati nell'arco di un ventennio: dove non si usa l'aggressione biologica del video esistono tecniche seduttive giocate sul punto di equilibrio o di rottura tra straniamento e familiarità dell'immagine. Come nel caso dell'artista islandese Katrin Sigurdardottir, che inventa un *link* iconico tra paesaggio naturale e paesaggio architettonico, e che più che giocare su una semplice confusione di registri esercita un *imprinting* visuale molto intrusivo, quasi un condizionamento retinico che lascia tracce ottiche di natura nell'osservazione della forma architettonica e spreme architetture fantasma nella contemplazione dei paesaggi naturali. Un modo subliminale per sdoganare percettivamente la sintesi identitaria tra Natura e Cultura. Oppure le pratiche nomadico-situazioniste di molti *walking artists*, che mostrano lo spettacolo del mondo là fuori (possibilmente lontano, anomico, selvaggio) in antitesi allo spazio socioeconomico della galleria, ma in cui la dialettica *indoors/outdoors* s'inceppa invariabilmente nella logica di mercato (che oltre a *performance* camminate nell'ambiente ha bisogno di *cose* da vendere per i salotti dei ricchi). Da un lato, quindi, la costruzione dell'Altro(ve) come processo di (s)montaggio-annebbiamento del contesto iconico, che finisce per portare lo straniamento al grado zero e la psiche all'assuefazione; dall'altro l'allestimento di opposizioni arcaiche che incartandosi nelle logiche di mercificazione esistono solo come *pure immagini di resistenza*.

Quasi sempre, ma non sempre. Due casi anomali del dopo-Wilderness in Europa sono l'artista italiana Claudia Losi e l'architetto finlandese Sami Rintala. Da un lato abbiamo bioforme che fondono in materiali morbidi o duri delle masse animali e vegetali, dall'altro abitacoli-rifugio nel paesaggio in attento disequilibrio tra integrazione morfologica e inserto alieno. In *Biotopes*, *Standing Sticks* e *Roots Nowhere*, tutti del 2013, Losi lavora su simbiosi reali o irreali per creare un bestiario-erbario della mutazione.

Wilderness gaze

L'idea di Wilderness è inseparabile dai ritratti dei padri, figli e nipoti fondatori: Audubon, Thoreau, Muir, Leopold, Berry, Snyder, Lopez. Questo connubio tra pratica/filosofia del selvatico e ritrattistica otto-novecentesca è sintomatico di un'ideologia ben precisa: naturalismo personale e personalismo naturale da un lato, eccellenza di luoghi e di individui dall'altro. Restano fuori i paesaggi minori, le pratiche silenziose, le geografie naturali e intellettuali meno fotogeniche. In questo modo terre, persone ed esperienze secondarie non trovano posto nello *storytelling* ufficiale, l'*ethos* selvatico s'inscrive epicamente nelle coordinate patriarcali di *genos* e *topos* (Thoreau a Walden, Muir nella Sierra, Lopez nell'Artico), lo scenario spettacolare prevale sulla veduta povera e sulla biodiversità. Il modello antropologico veicolato dalla Wilderness americana è ancora quello del pioniere-demiurgo, che non assoggetta più le terre selvagge ma le debolezze dell'uomo civilizzato, che cerca instancabilmente la prova, il limite, l'eccezione sociale. Nel suo sguardo si riflettono canyon e ghiacciai che lo salvano e al tempo stesso lo deresponsabilizzano dal cancro urbanoindustriale. E dove la Natura non è più vergine, il Marlboro Man volta lo sguardo, come il padre puritano davanti alla donna perduta.

In *Seljord Lockout Point* (2011), *Into the Landscape* (2009) e *Floating Sauna* (2002), Rintala appoggia sul sito dei moduli abitabili, delle scatole di legno né grandi né piccole che non provano a mimetizzarsi e che danno l'impressione di poter essere asportate se necessario. Per Losi e Rintala il rapporto con il selvatico è un problema di ricerca della durata e di pratica narrativa. L'immaginario che producono è quello di un *multistable pattern* tra immagini-movimento-disturbo e immagini-sosta-consolazione, e incarnano la piena fusione tra spazio della cosa fissata e antispazio della rappresentazione transitoria. Ma con una responsabilità diegetica, perché la Wilderness residua non è un costoso radicamento merceologico-ideologico nel contesto ambientale, ma una specie di calma discreta del dopo, un osservatorio in superficie, sul bordo, da cui si prende respiro e si ricomincia a pensare, a *raccontare* da zero.

Villaggi nel verde

Ecocentri, comunità, esperimenti sociali. Fino a qualche anno fa questi luoghi del ritorno al selvatico erano ancora un mistero. Dovevi andarci di persona, immergerti nel bagno umano-emotivo di un qualche evento comunitario, parlare, capire, magari studiare. Oggi ti colleghi a internet e puoi nuotare nel Grande Flusso di Gary Snyder, farti prendere dalla corrente di centinaia di fotografie scaricate da uno *smartphone* senza filtro numerico o estetico, senza alcuna selezione. In quel "ci-metto-tutto-ci-lascio-tutto", per pigrizia, per narcisismo, vediamo la casa dell'Elfo, la casa dell'Elfo con l'Elfo, la casa dell'Elfo con l'Elfo un po' più a destra, la casa dell'Elfo con l'Elfo ancora più a destra. Venti scatti del tavolo di legno col formaggio, cinque di quella luce di tramonto sul paesaggio appenninico, almeno otto dell'Elfa sotto il Grande Albero, che passa davanti al fondo vegetale come in una sequenza di Muybridge. Perché ovviamente ogni utopia contiene la propria apocalisse.

Greendaddy

Uomo Verde in un festival New Age. Nel 1976 Forrest Carter (pseudonimo di Asa Earl Carter, 1925-1979) pubblica *The Education of Little Tree*, un *bestseller* autobiografico in cui racconta i suoi anni d'infanzia con i nonni Cherokee nelle montagne del Tennessee: legame spirituale con la Terra, vita semplice nei boschi, il Nativo americano come risposta etica a Vietnam, Watergate e Walmart. Un successo inossidabile fino al 1991, quando si scopre che Carter, ormai considerato un *guru* New Age, era anche stato il *ghostwriter* del governatore segregazionista George Wallace e che, a metà degli anni Cinquanta, aveva fondato un *klavern* del Ku Klux Klan. La morale della storia non è l'ipocrisia o la redenzione, semplicemente mette in guardia dai doppifondi della controcultura euroamericana. Nel caso di Carter, l'immagine trasversale del "buon Indiano" serve a rifondare i valori di una società bianca che tra anni Sessanta e Settanta sente vacillare la fede nel progresso e trema al venir meno di un vasto sistema di privilegi e di potere. Il *going Native*, predicando un ritorno alla vita nei boschi, è il travestimento verde di un fascista bianco che vuole saltare a piè pari i problemi di un'epoca: rinnegare i padri per tornare ai nonni, innalzare il "Pellerossa" per cassare il "Negro".

L'associazionismo ecologico in Italia e in Europa è più attivo di quanto non si pensi. Forse manca qualche buon libro che lo racconti, ma intanto c'è molto fare, molto *esserci*, specialmente in rete: bioregionalismo, ecovillaggi, agrarianesimo, comuni *new age*, primitivismo, spiritualità laica, ecologia profonda, orticoltura biodinamica, vegetarianismo, parto in casa, parto nel bosco, antispecismo vegano, anarchia verde, cromoterapia, *garden* terapia, maschi selvatici, conservazionisti, scout; tutti surrappresentati in siti web, blog, facebook, twitter, flickr, youtube. Qualche anno fa era circolata la notizia di un gruppo di supermilionari (tra cui alcuni italiani) che avevano costruito una città-bunker utopica nella foresta amazzonica e che ci si erano murati dentro in totale autarchia, secondo una vecchia tradizione latinoamericana che va da Puerto Bertoni a Fordlandia a Nueva Germania. Tutti fallimenti colossali, tanto che dopo *The Village* di M. Night Shyamalan non c'è nemmeno bisogno di leggere le cronache per riconoscere le oscure derive delle comunità utopiche. Basta immaginare l'inevitabile *backward evolution*.

L'impostura del ritorno comunitario al selvatico nasconde quasi sempre una vita da eco-borghesi che tamponano con proclami e carta di credito le falle di una falsa autarchia economica, oppure rivela una vita di Figli di Gaia/Servi della Gleba che si fanno mezzadri di sé stessi e vivono al limite dell'indigenza, sgobbando tutto il giorno tutti i giorni dell'anno su una zolla di terra troppo avara. La vera impostura è però nello scollamento tra immagine e vita, dove la prima evoca un ordine armonico e la seconda è irrazionalmente invischiata nelle solite derive troppo umane: l'anziano carismatico che si comporta come un maschio alfa, l'aggressività fondamentalista verso tutto ciò che è "là fuori", l'esclusivismo subculturale, il mito arrogante della semplicità usata come legge del taglione, la difesa settaria dei propri colpevoli, l'uso poliziesco del baratto, l'antropologia del dono come moneta di ricatto, e a volte anche bande di bambini prepotenti e crudeli come ne *Il signore delle mosche* di Golding. Le pretese autarchiche delle periferie locali, della controcultura, del fare e del pensare alternativo sono illusorie, sono l'effetto di una

Into the mild

Emile Hirsch in *Into the Wild* (2007) di Sean Penn: Alex Supertramp ago-
nizza in Alaska. Il luogo in cui Chris McCandless è morto realmente, un
vecchio autobus del Fairbanks Transit System usato dai cacciatori della
zona come bivacco, è diventato negli anni un luogo di pellegrinaggio.
L'autoscatto di McCandless poco prima di morire (le spalle contro l'autobus, le gambe accavallate, la camicia a scacchi) è un archetipo imitato dai
visitatori, che posano immancabilmente nello stesso punto e nello stesso
atteggiamento. In questo modo l'estetizzazione del selvatico, la sua riduzione a icona riproducibile, l'io-sono-stato-qui e la latente magia simpatica del toccare-con-mano ottengono due effetti totalitari: tutti coloro che
sentono il richiamo della foresta ma che non seguono la sua voce fino al
gesto estremo (perdendo tutto e perdendosi del tutto), trovano nell'autobus
una specie di pietra miliare, un "non-oltre" nella mappa del limite; la
Wilderness viene trasformata in esperienza visuale di massa e privata del-
l'autenticità originaria, perché la morte simulata in alta definizione (al cinema prima, nell'album dello *smartphone* poi) sostituisce alla persona de-
peribile il personaggio duraturo, e inscrive l'imitatore in un meccanismo
di consumo. Wilderness come copia della copia.

divisione dei compiti spettacolari in cui spazi e antispazi lavorano per lo stesso sistema di dominio. Anche nelle sacche di "autosottomissione verde". Perché se l'immagine sublime del mondo naturale diventa volgare non appena la si fa entrare nella stamberga lurida, il *photostreaming* dell'attività associativa garantirà la conservazione della pratica, della fede e dell'ideologia. Non sempre, certo. Ma sempre più spesso.

Nel popolo verde c'è insomma qualcosa che somiglia molto all'autosuggestione del proletariato di Debord, «che esiste come coscienza del suo gioco». Per questo servono spazi dello pseudoabitare, spazi come cinema, gallerie, villaggi naturali. Quasi nessuno li fa vivere da dentro, solo l'altrove di internet li fa esistere, perché la rete garantisce l'effetto-specchio ortopedico e rituale che serve a chi li abita, mentre aiuta chi non li abita a custodire la continuità nella sospensione, garantendo una presenza virtuale fino al prossimo evento attualizzante (*première, vernissage, festival*). La tecnica è semplice, automatica, perché in rete si possono archiviare moltissimi documenti in poco tempo, e la sovrabbondanza di materiale destinato alla pura scopofilia (*trailer, videoclip, photogallery*) è una delle più potenti strategie di nascondimento e d'inibizione. Proprio come l'eccesso di merce sugli scaffali di un ipermercato, il cui scopo non è rispondere alla domanda o innescarla, ma annichilirla una volta per tutte: se c'è tutto non c'è più niente da chiedere, se ti do tutte le risposte allora la smetterai di farmi domande. Quali domande tacciono nel cinema, nell'arte, nei villaggi periferici dell'associazionismo alternativo? Che cosa si nasconde sotto il gassoso carapace iconico della nuova Wilderness utopica e apocalittica? Walter Benjamin, in *Strada a senso unico*, dice che «non resta, nell'attesa incessante dell'ultimo assalto, che concentrare lo sguardo sullo straordinario, la sola cosa che possa ancora portare salvezza. Invece l'attesa che così non possa più andare avanti dovrà un giorno convincersi che per le sofferenze, del singolo come delle collettività, c'è solo un limite oltre il quale esse non durano: l'annientamento». Germania 1928. Europa oggi.

Attesa

Apocalimbo

Dictators free themselves

Volto-apocalisse 1: Adenoid Hynkel in *The Great Dictator* (1940) di Char-
lie Chaplin. Le gigantografie idealizzate di Hitler, Mussolini, Stalin, Mao,
Castro, Kim-Il-sung, fino al ritratto posterizzato *Hope* di Barack Obama
(di Shepard Fairey) sono icone totalitarie/totalizzanti: la Guida è liberata
dal suo spazio-tempo contingente, diventa lontananza famigliare e me-
morabile, «il suo volto [è] come il sole quando splende nella sua forza»
(*Apocalisse* 1:16) e, di riflesso, la massa accecata dall'aura diventa un'entità
collettiva antimemoriale, labile, senza volto. Quando l'effige della Guida
entra in casa come volantino, fotografia, medaglia, moneta, monologo televisivo (o anche solo come voce), non è una presenza piena che si in-
staura, ma una visita incompleta, la metonimia di un'assente che inverte
da fuori a dentro il vettore dello sguardo: l'immagine del sovrano è lo
spettatore di un'intimità domestica. La massa diventa spettacolo di un
"volto totale", non nel senso banale del Big Brother, dell'occhio onni-
veggente, ma nel senso che il sentirsi visti fa stringere un patto di com-
plicità tra suddito e sovrano, fonda un atto di credenza, non di obbe-
dienza. In questo modo il ritratto principesco svolge una funzione di
ponte a due sensi, di cerniera tra spazio-casa e spazio-stato.

Kalten Arsch bekommen: crepa (un po' meno)

Distopia o Dachau. Auchan o Aushwitz. La spettacolarizzazione dell'apocalisse (economico, ecologico, ecoiconico), i metadiscorsi degli intellettuali sull'apocalisse (calma, liquida, domestica), l'apocalisse *soft* "già-adesso-già-qui" (vasellina, ritardante, contraccettivo), sono solo schiuma marina rispetto alla Shoah e alla "soluzione finale". Evocare la caduta delle Torri Gemelle per decretare la fine del Postmoderno è come dichiarare esaurita la testimonianza iconica dei campi di sterminio. Troppo lontani: si deve pur ricominciare. Oppure troppo e basta: un terrore topico è molto più gestibile, visivamente, intellettualmente, di un terrore ontologico. Forse bisognerebbe darsi pace, e credere nella sopravvivenza delle lucciole, ma anche adesso un neonazismo condiviso e "ammissibile" sta lavorando nella lingua e nelle immagini con strategie iconiche che sono più di un semplice *déjà vu*. Victor Klemperer e i linguisti della *Lagersprache* avrebbero qualcosa da insegnare all'antropologia visuale, perché le strategie di svuotamento dell'immagine e di virtualizzazione del corpo e del *dasein* nei campi di sterminio erano sorretti da una scienza filologica che solo un filologo del visibile (e dell'invisibile) potrebbe spiegare. Di fronte alla paura delle immagini che rischiano di diventare vive, come dice W.J.T. Mitchell, l'iconoclastia non è la soluzione. Ovviamente. L'iconofobia e la clonofobia vanno smontate con intelligenza. Ovviamente. Ma studiare non basta. Ci vuole coraggio per ripetere che la lingua dei lager

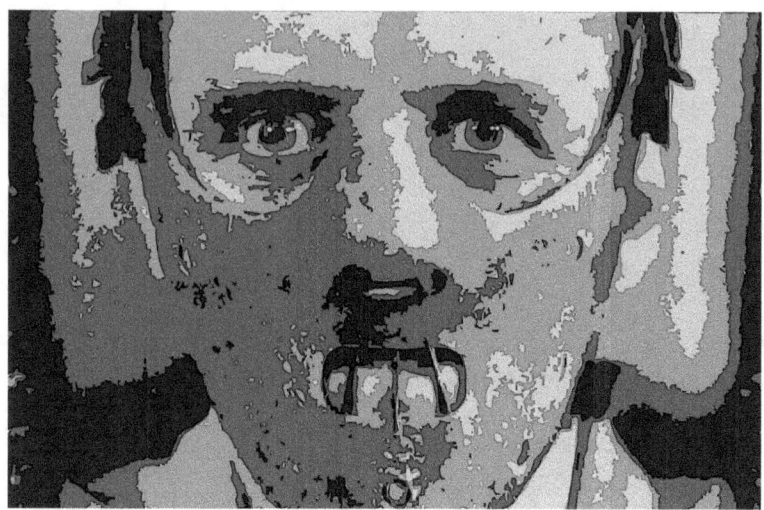

Have the lambs stopped screaming?

Volto-apocalisse 2: Hannibal Lecter in the *Silence of the Lamb* (1991) di Jonathan Demme. Questo ritratto celeberrimo è speculare a quello di Jodie Foster nel poster del film, con la bocca coperta da una falena. Le due maschere parziali insistono sulla segnatura dell'occlusione violenta, fauci ingabbiate per Hannibal Lecter, labbra zittite nel caso di Clarice Starling. Il pericolo orale (denti che divorano, parole che rimestano il passato) trasforma il volto in un terreno minato, dove la funzione negata deflagra nello sguardo: occhi che aggrediscono o che gridano. La grammatica bipolare della museruola, in bilico tra apertura e chiusura, tra contenimento e rottura, tra controllo e libertà, illustra un altro ingrediente della propaganda estrema: il fascino ambiguo dell'orrore. Se la paura respingesse e basta non ci sarebbe il terrore, se il dramma non innescasse un voyerismo non ci sarebbe tragedia. Il carisma oscuro del *serial killer* e dell'agnello impotente sono voci di un dialogo interiore che si alterna da sempre nel sistema limbico dello spettatore, attratto da entrambi i ruoli di vittima e carnefice. Tra ibristofilia e sottomissione, tra esercizio sadico e imputazione complice del potere, il governo delle masse esige un paradigma condiviso della predazione.

non era la stessa lingua di Rilke, o che non esistono immagini buone o cattive, ma solo fascismi e antifascismi delle immagini. La *Lagerszprache* si fondava su uno slittamento totale parola-cosa: dall'uomo all'animale, dall'uomo alla cosa, da una cosa a un'altra cosa. Prima (e anche più) di un travaso (o di uno spostamento) semantico-ontologico, si trattava di un dispositivo iconico pervasivo, secondo un sistema che allacciava referente, metafora e metonimia in una macchina di triangolazione visuale. L'uomo non era assimilato alla cosa tramite una mera associazione binaria (*Stück*, pezzo; *alte Lumpe*, vecchio straccio; *Krematoriumsfleisch*, carne da crematorio; *alte Krippe*, vecchia mangiatoia; *Kaminfutter*, combustibile per camino; *kaputt*, rotto, detto di oggetti; *fällig*, in scadenza, dal lessico bancario, per indicare colui che andava soppresso), ma la cosa veniva detta con un tropo e l'uomo, incluso nella sfera semantica della cosa attraverso un nesso metonimico, diventava lui stesso una cosa in base a una circolarità inglobante: i forni crematori erano *Bäckerei* (panificio), *Knochenrösterei* (torrefazione delle ossa), *Ofen* (stufa), e l'uomo era di conseguenza materia ordinaria, segale, ossame, legna da ardere. Un ecosistema biunivoco che diventava necrocosmo e catena trofica: come mangiare la propria razione di pane senza pensare al corpo di chi era già stato "cotto"? come scaldarsi senza vedere nella stufa della baracca un forno pieno d'ossa, le proprie ossa?

Non si trattava di furiosa ironia, di sarcasmo spietato da SS, ma della consapevolezza filologica che nominazione e animismo sono facce della stessa medaglia: le parole *sono* cose, le cose *sono* parole. Il principio funzionava come le *kenninngar* norrene, i costrutti metaforico-metonimici dell'antica poesia germanica, il cui scopo, nelle parole di Ludovica Koch, era «aggiogare a sorpresa due significati in guerra tra loro, con la mediazione di un referente che ha sempre carattere fortemente concreto». Ad esempio i *Muselmänner* (musulmani, detenuti allo stadio finale) erano detti anche *Meerschaum* (spuma di mare) o *Frühlingswind* (vento primaverile), per esprimere l'idea della loro dissolvenza e imminente invisibilità attraverso immagini di un altrove idilliaco,

Guantanahome

Volto-apocalisse 3: Nicholas Brody, terza stagione della serie televisiva *Homeland* (2013). Un U.S. Marine rientra dopo otto anni di prigionia sotto Al-Qaeda e tenta invano di ricostruirsi un profilo *100% american*. Convertito segretamente all'islam, terrorista mancato, patriota ritrovato, marito fedifrago, bugiardo cronico, Brody è un *no land's man* incapace di fare ordine ideologico, sentimentale e identitario nella sua nuova vita di eroe di guerra/mujaheddin. La sua persona diventa letteralmente un terreno strategico conteso tra CIA e Al-Qaeda, tra moglie e amante, tra famiglia e dovere sociale, e ovviamente tra spettatori che lo amano e lo odiano. La geopolitica incorporata, l'innesto cerebrale dell'aporia etica tra individuo e nazione, la manipolazione permanente della volontà, rendono Brody l'icona paradigmatica dei dubbi che percorrono l'America dopo Guantanamo e Abu Ghraib. Come accade nella realtà, però, il grande burattinaio non è il Presidente, il Governo o l'Agenzia del Grande Complotto, ma chi ti ama, chi ti tende la mano, chi ti cura le ferite: la moglie-madre, l'agente-amante (Carrie Mathison), l'aguzzino-amico (Abu Nazir), un controllo dal basso che fa leva sul cuore quando la mente si inceppa. Casa e campo di prigionia come ibrido sociobiologico finale.

in ossimoro arrogante con l'*hic et nunc* dei campi e dei corpi. Oppure, quando si uccidevano i prigionieri, si diceva *Mühlen arbeiten lassen* (far lavorare i mulini), dove la periferia mataforico-metonimica, il residuo, la farina, balzava violentemente in primo piano, e insisteva sì sulla nullità dell'essere, ma soprattutto rafforzava nel genere neutro la sua materialità passiva. Più dell'*Akkusativierung* di cui parla Aldo Enzi, la «riduzione della persona a un accusativo servile», era uno smontaggio del corpo, svuotato e ridotto a una buccia metonimica, a *Lausrinne* (scivolo dei pidocchi, la rasatura longitudinale del cranio), a *Kazett* (abbreviazione di *Konzentrationszentrum*, il campo, e per sineddoche anche il suo ospite), a *Block* (la baracca, ma anche l'insieme dei suoi occupanti). Sospeso e diviso tra una mera parte di sé e il tutto vischioso del campo, il detenuto era un indecidibile. Come dice Primo Levi, «sono loro i *Muselmänner*, i sommersi, il nerbo del campo; loro, la massa anonima continuamente rinnovata e sempre identica, dei non-uomini che marciano e faticano in silenzio, spenta in loro la scintilla divina, già troppo vuoti per soffrire veramente. Si esita a chiamarli vivi: si esita a chiamar morte la loro morte, davanti a cui essi non temono perché sono troppo stanchi per comprenderla».

Un altro termine per designarli era infatti *Figuren* (figure), non esseri semplicemente disindividualizzati, ridotti a forma astratta, ma *immagini* umane, *avatar* di persone. Nei lager si perseguiva scientificamente il meccanismo inverso a quello iconofobico descritto da Mitchell: la paura, il terrore da instillare, non era quello immemoriale che l'immagine possa prendere vita, ma quello che la vita possa diventare immagine. Tutto il sistema del lager, che produceva spazi-icona, tempi-icona, corpi-icona, e che procedeva a svuotarli di senso attraverso immagini verbali che ne urlavano la vacua materialità visibile, era un apparecchio di virtualizzazione, una "realtà aumentata" che confondeva e dissolveva il senso di realtà e realizzava il connubio perfetto tra *media* e biopolitica. Perché la "soluzione finale" aveva senso solo nella sospensione temporanea della fine, doveva durare *almeno un po'*, e chi la teorizzava e organizzava sapeva perfettamente

Avatar I

Orlan (1947), artista, nota per le decine di chirurgie facciali alle quali si è sottoposta. Negli anni Novanta inizia un progetto di "arte carnale", *La Réincarnation de sainte ORLAN*, con cui intende trasformare il proprio volto per incorporare dettagli di ritratti celebri, da Botticelli a Leonardo. Il viso tagliato e aperto è mostrato in fotografie e video durante le fasi dell'operazione, in quello che Orlan definisce un «nuovo stadio dello specchio», uno sguardo autoptico che penetra la carne. Nella serie *Self-hybridations* (1998-2008) produce invece autoritratti rivisitati in chiave etnica (precolombiana, africana, amerindiana), ma tutta la sua poetica può essere considerata una riflessione sulla tradizione del ritratto e una "pratica del volto" come luogo plurale. Metabolizzazione e iconoclastia convivono in un continuo nomadismo facciale, in una ridefinizione della grammatica sociale a partire dalla cellula minima di riconoscimento, lettura e interpretazione del volto. Se l'idea di Orlan è sfuggire alla programmazione genetica, al determinismo naturale che ci confina in un'unica forma corporea (o nello stereotipo femminile di una storia dell'arte al maschile), l'esito resta un'immagine fatalmente internata in una dialettica "io/altro" prescrittiva e condizionante.

che l'inferno è senza speranza, mentre un minimo biologico di speranza va tenuto in vita per prolungare indefinitamente l'agonia. Per questo è il limbo la vera macchina di annientamento, una *trance* straniante (una *Second Life*) in cui tutto accade a te ma come in sogno, un'anticamera promettente sul nulla, una pausa estatica, prima che la morte ti raffreddi le natiche.

Jedem das seine: consuma (te stesso)

Nei campi di concentramento il pasto di mezzogiorno veniva consumato in fretta, ustionandosi, ingerendo brodaglia e pezzi di rape e patate. Non era *essen*, mangiare, era ingoiare voracemente, *fressen*, verbo usato quasi esclusivamente per l'atto consumatorio degli animali. Una lingua in grado di operare una distinzione dialettica e tassonomica per un'azione che altre lingue lasciano indivisa (it. *mangiare*, fr. *manger*, sp. *comer*, ing. *to eat*) coniuga alla facoltà di penetrazione analitica dei fenomeni una sommersa volontà di controllo: sottratte a una semantica pluridirezionale, aurorale, illuminata volta per volta dal contesto, le cose vengono inchiodate a un loro doppio dialettico, dentro un sistema che opera per differenza e opposizione. La gemmazione linguistica dell'Altro, l'invenzione filologica dell'alterità è sostenuta così dall'atto umano per eccellenza, quello di parola, e ogni più modesto ed elementare atto di parola rafforza e conferma un mondo intero, perché nominare è sempre evocare lo spazio della cosa, il liquido in cui è immersa, e quanto più una lingua è analitica e tassonomica tanto più la cosa nominata porta con sé non solo uno spazio ma anche un antispazio, come un'ombra, come una particella di materia l'antimateria, come "ciò che è" evoca per necromanzia "ciò che non è". *Essen* e *fressen*. Se dico "uomo" dico contemporaneamente "animale". Se dico *fressen*, se ti obbligo a dirlo di te stesso, se alla fine lo ripeti senza nemmeno pensarci, allora il lavoro è compiuto: ti sto obbligando a dire che *io* sono un uomo, soprattutto ti ho portato ad accettare il fatto che *tu* sei un animale non perché te lo sto dicendo io, ma perché tu

Avatar II

Ritratto di "Luther Blissett" ideato da Andrea Alberti e Edi Bianco nel 1994. Il nome è quello del calciatore di origini afro-caraibiche che a metà anni Ottanta fu il primo giocatore di colore in una squadra italiana (Milan). Il volto è la sovrapposizione di due fotografie anni Trenta-Quaranta dello zio di Roberto Bui (Wu Ming 1). Volto-maschera collettivo per azioni artistiche, letterarie, psicogeografiche, di sabotaggio culturale e di guerriglia mediatica, definito "icona pop" ma relegato a una circolazione intellettuale medio-alta, il ritratto di Luther Blissett è un (proto)avatar tecnologico *ante Web 2.0*. L'apparente alterazione/cancellazione/ schermatura identitaria simula una pratica eversiva dal basso ma, essenzialmente, utilizza un'identità opaca come piattaforma di autorappresentazione e promozione mediatica. Dalla prospettiva dei *Technoself Studies*, l'icona-Luther Blissett è un'espansione identitaria agevolata dall'anonimato che produce un effetto-schermo: da un lato regala l'illusione di uno spazio dalle possibilità illimitate *beyond the screen*, dall'altro ottiene il consenso "democratico" di una *community* anonima e anodina, che simpatizza con l'autore collettivo senza complessi d'inferiorità nei confronti del VIP. Il principio di base resta quello pubblicitario.

stesso *te lo ricorderai* ogni singola volta che mangi: *fressen*. I sistemi iconici del capitalismo corporativo e salariato funzionano allo stesso modo. Mostrano una cosa e mostrandola aprono il solco della differenza, differenza verticale e orizzontale, ontologica e sociale, esogena ed endogena.

In un saggio che anticipa le note di Derrida visto nudo dal suo gatto, John Berger parla dello sguardo degli animali e di come perdendolo ci stiamo perdendo. Berger afferma che «tutti i luoghi di marginalizzazione forzata – ghetti, baraccopoli, carceri, manicomi, campi di concentramento – hanno qualcosa in comune con gli zoo». Non è tanto la violenza condivisa di corpi costretti in uno spazio di prigionia, svuotati di ogni azione sensata e riempiti di paura e di noia, quanto il fatto che l'intero apparato di reclusione è un *dispositivo iconico dimostrativo*: ciò che viene mostrato e dimostrato, oltre al presunto potere assoluto di una classe su un'altra, di una razza su un'altra, di una specie su un'altra, è l'ospite stesso del dispositivo, nel caso del lager un'immagine d'uomo che guarda se stesso e vede di sé solo un'immagine, un non-uomo esposto allo sguardo degli altri (vittime e aguzzini) come una cosa in un museo, un campione studiato in condizioni sperimentali che non fa più parte del vero, ma che è solo ipoteticamente *verisimile*. Il tutto in una specie d'incredulità passiva che crea interferenza tra vita reale e rappresentazione, tra corpo e immagine, *Figuren*, appunto, ombre proiettate su un muro. E una schizofrenia scopica in cui chi agisce si guarda a distanza come l'attore di un'azione altrui, una fenomenologia della percezione ampiamente testimoniata nei campi, una contemplazione estatica al di fuori di ogni diegesi umana. Ora, in questa *Wunderkammer* concentrazionaria in cui si è ridotti linguisticamente e biologicamente a *Stück*, a un *pezzo* (auto)visibile della collezione, si esiste quasi sempre come una forma molto peculiare di animale. Non l'animale nobile e bello, quello che spinge Hitler a diventare vegetariano e Himmler a disprezzare la corrida perché barbara e sanguinaria. È l'animale "sbagliato", il mostro, l'errore stupefacente, che da un lato si vuole nascondere e schiacciare, dall'altro viene mostrato con voluttà, in una didassi mediatica più circolare

Avatar III

Alana "Honey Boo Boo" Thompson, protagonista del *reality* televisivo *Here Comes Honey Boo Boo* (2012-2014), che monitora la vita di una "baby reginetta" stile *Little Miss Sunshine* (2006). Honey Boo Boo appartiene a una famiglia di *rednecks* (proletariato bianco) di McIntyre, Georgia, ritratta in un quadro-cliché di miseria fisica e culturale. Obesità, ignoranza, volgarità verbale e alimentare continuano a funzionare per la *middle class* benpensante come mostruosità edificanti e autocelebrative. Il voyerismo divertito, al limite della *schadenfreude*, abbassa il livello di guardia e, mentre si gioca il gioco della costruzione negativa dell'altro, quello che passa in realtà è il dissolvimento dell'aura domestica come fatto privato, invisibile, inavvicinabile. Siamo di fronte all'acquisizione inconscia di un nuovo paradigma di percezione e al costituirsi di una nuova attitudine sociale: le pareti di casa diventano schermi televisivi, spettacolarizzando l'interno e attribuendo allo spettatore esterno una capacità di controllo, mentre l'*imprinting* televisivo continua a schermi spenti e innesca un'antropologia del vicinato fondata sul sospetto e su un'etica dell'intimità svelata. La faccetta tonda di Honey Boo Boo non è l'icona di una farsa *trash*, è una maschera atipica del sorvegliante.

che antitetica: da un lato i membri del *Sonderkommando* vengono uccisi perché hanno *visto* il segreto dei forni crematori, dall'altro gli stessi responsabili dei lager accumulano una minuziosa documentazione visiva della "soluzione finale". Da un lato l'iconoclastia della persona, dall'altro Mnemosyne all'inferno.

Didattica, dunque, ma che sfugge di mano, che diventa di segno opposto a quello promesso in origine: il Non-uomo-subanimale del Nazismo diventa l'*Ecce Homo* dell'Occidente libero. Ma è veramente così? Georges Didi-Huberman ne dubita quando ad Auschwitz, settant'anni dopo gli eventi, riconosce le strategie della vecchia macchina visuale, la verità del lager *restaurata* nelle sue rovine materiali (strade, muri, filo spinato, baracche) e riproposta al pubblico di turisti come un paesaggio verisimile. Ancora una volta occultamento e rappresentazione, una macchina di assuefazione totalitaria che sembra migrata tale e quale nel sistema iconico dell'economia di consumo, dove la vera merce è chi compra e dove a chi compra si chiede sempre di essere ciò che non è. L'insistenza pubblicitaria sulla *uniqueness* del cliente, che appunto acquistando il prodotto di consumo si distingue (omeopaticamente?) dalla massa, lo induce a recitare inconsciamente il primo fondamentale comandamento della società spettacolare: "non nominare il nome di io invano", dove invano significa fuori dal mercato. Occultare e rappresentare. Il messaggio pubblicitario contiene una promessa di salvezza e una minaccia di pena, la più dura di tutte, l'umiliazione di ritrovarsi massa sotto gli occhi della massa stessa, come negli incubi sociali in cui una folla immobile e letargica assiste alla perdita di dignità dell'individuo incriminato. Umiliazione e orgoglio. Si vieta l'io e con altrettanta forza si stigmatizza l'insipienza dei senza-io: l'anticonformismo esce dalla persona e dalle sue possibilità e migra nella cosa in sé, nell'oggetto di consumo, che per magia simpatica e animismo di riporto salva l'uomo dai due peccati mortali del credo capitalista: essere (*vs* avere) e esserci (*vs* stare). Ovviamente non senza i prevedibili tentativi di mimetizzazione, le pratiche di resistenza, le tattiche di sabotaggio, che però con un salto mortale diventano spesso il proprio contrario:

New italian family portrait

Presunta lesbica in posa da *fellatio*, cane con cappotto, satrapo di paraffina: nulla è vero, tutto è vero. Tra noi e l'EXIT ci sono di mezzo loro. Soprattutto il piccolo Cerbero, al vertice della piramide *social*, perché l'animale-guida è la vera candeggina morale del nuovo *storytelling* italiano. Come un *peluche* acchiappasogni, Dudù raccoglie nella sua rete semantica l'amore casto disinteressato, le lotte giuste per i deboli e gli indifesi, il buonismo natalizio, le cause anti-vivisezione, il diritto alla non solitudine dei pensionati, le speranze dei giovani disoccupati, la condanna della *shoah* animale. Il *pet factor*, marcatore non secondario nella definizione identitaria della coppia sterile per eccellenza, indica negli animali da compagnia i nuovi surrogati di alterità. Il "tale cane tale padrone" viene declinato in una nuova fattispecie antropologica: non solo Fido è promosso a magico referente di un'antropopoiesi eterospecifica, una specie di enzima civilizzatore, ma viene usato come peloso addensante sociale. Cane, gatto, criceto e furetto sono un ennesimo autoritratto collettivo dai tratti teriomorfi (ibridismo, *posthuman*) e totemici (clan antispecisti). L'icona animale sostituisce l'animale in sé e svolge l'atavica funzione esclusivista di bandiera e di barriera identitaria.

collaborazione occulta, autosabotaggio, consenso onirico, auto-tirannia, proprio come l'iperteso che, terrorizzato dalla televisione su ictus e infarto, da un lato contribuisce a rafforzare l'ecosistema paziente-medico-case farmaceutiche, dall'altro rinnova e amplifica la domanda a cui la televisione, il Grande Dettatore, risponderà con una nuova offerta terrorizzante. Come mai? Com'è possibile che il prigioniero diventi guardiano di se stesso e il resistente fiancheggiatore?

Arbeit macht frei: produci (l'assenza)

Il meccanismo non è solo quello di occultare/mostrare per farti diventare parte passiva di una rappresentazione senza narrazione: consumatore di immagini, attore senza azione, devi adesso diventare tuo malgrado *produttore* di icone collaboranti. Come? Charlotte Beradt ha raccolto dal 1933 al 1939 i sogni fatti dai Tedeschi durante il Terzo Reich. Questi sogni non rivelano i sintomi di una patologia personale ma «sembrano registrare con la minuzia di un sismografo gli effetti causati dagli avvenimenti politici esterni all'interno delle persone». Sono le tracce del regime totalitario sull'inconscio della gente ma, ossessive e ripetute, sono soprattutto immagini *agenti*, nanotecnologie invasive che operano dall'interno per una riprogrammazione alienante della persona. Immagini per svuotare, insomma, e per colonizzare e (ri)educare immaginario e immaginazione. Ora, nei sogni raccolti dalla Beradt colpisce l'assenza degli animali. Ci si aspetterebbe il contrario. Ci si aspetterebbe che il sogno di una donna che viene arrestata e portata via legata al guinzaglio del suo cane, o quello di un'altra donna che viene inseguita da un accalappiacani, vengano declinati in mille metamorfosi avvilenti, in cui l'uomo è umiliato e ridotto all'esecrato sub-animale di cui parlava Himmler. Ma niente.

Solo uno. Quello di una ragazza che pur essendo ariana aveva il naso arcuato e in sogno viaggiava sempre con i documenti che avrebbero dovuto provare la sua origine "pura" e scagionarla dal

Watership drawn

Joseph Beuys, *Wie man dem toten Hasen die Bilder erklärt* (Come spiegare le immagini a un coniglio morto), 26 novembre 1965. Il pubblico è chiuso fuori dalla galleria e assiste alla *performance* guardando dal vetro. Beuys si cosparge la testa di miele e la ricopre con foglie d'oro zecchino. Si lega un piatto di ferro al piede destro e cullando un coniglio morto gli sussurra all'orecchio cose inintelligibili, camminando da immagine a immagine. Ironia sui discorsi d'accademia, l'azione è soprattutto un rituale simbolico per restituire al gesto artistico il suo "valore cultuale". La *performance* è uno dei rari casi in cui la sindrome da riproducibilità tecnica risparmia l'opera d'arte, come dimostra questa fotografia che è illeggibile senza didascalia e che non potrebbe restituire l'azione nella sua complessità. Ma se per Beuys il miele e l'oro indicano rinascita e saggezza e il coniglio è simbolo d'incarnazione, la Rete perde di vista l'animale e preferisce ripetere con insistenza che quest'immagine è considerata «by some critics as a new Mona Lisa of the 20th century»: da un lato la *Dama con Ermellino* (1488-1490) di Leonardo, arcinota ma meno iconica, è eclissata dall'archetipo assoluto del ritratto, dall'altro la *performance* irriproducibile viene uccisa (come un coniglio) dalla fotografia feticcio.

sospetto di essere ebrea. Quelle carte, nei sogni, vengono rego-
larmente perse o sottratte o confiscate, come in un caso in cui
la ragazza è ulteriormente derubata: «improvvisamente vedo il
mio cane, ma non vivo, vedo solo la sagoma, come fosse un
fantasma. Pure lui mi hanno preso, dunque, l'unico residuo dei
tempi passati, quando ero serena, piena di gioia di vivere». Un
cane fantasma, l'ombra di un cane rapito dal sistema. E tornano
in mente le parole di Berger sulla marginalizzazione e scomparsa degli animali dalla vita quotidiana: «in un mondo governato
dalla logica capitalistica, la perdita storica di cui gli zoo sono testimonianza è ormai irreparabile». Mancano gli animali, con il
grumo di echi notturni e di simboli inconsci che ci aiutavano a
dialogare con noi stessi. Secondo Berger è adesso la vita *invisibile* degli animali a essere rappresentata in alta definizione, una vita troppo veloce o troppo piccola o troppo lontana per essere
colta dall'occhio umano: ancora fantasmi, animali-*Muselmänner*.
In una fotografia del *National Geographic* contiamo i peli statici
della criniera del leone, ma il suo odore che attorciglia lo sto-
maco è sostituito dal racconto di una selvatichezza patinata.
L'animale non terrorizza più, non ci sono tiranni a portata di
mano, lo spauracchio del terrorismo non funziona come un
tempo, dov'è dunque il terrore come arma di persuasione? In
assenza del Terrore dei terrori, del Felino dei felini, ci facciamo
bastare terrori minori, quello di essere poveri, grassi, malati, il
terrore delle inondazioni, dello straniero, della crisi, quello delle
contaminazioni, del colesterolo, della solitudine, ma mai il terrore della morte perché, lo abbiamo visto poco fa, la morte
mette fine al terrore, al morire lentamente, e forse restituisce
all'uomo, *in extremis*, il suo io inalienabile, la sua storia. Specu-
larmente, invece, produciamo milioni di morti animali ogni anno, e nessuna di quelle morti è visibile. Zoo, documentari, car-
toni animati, milioni di peluche che mostrano l'uomo incapsu-
lato in un'altra specie, e intanto gli animali reali non ci sono più,
occultati, trasformati in fotogrammi estatici. E non ci siamo più
nemmeno noi. L'eclissi dell'animalità nell'età surmoderna è la
primavera silenziosa della nostra assenza. E le tracce di questa

THE HOLOCAUST ON YOUR PLATE

During the seven years between 1938 and 1945, 12 million people perished in the Holocaust.

The same number of animals is killed EVERY FOUR HOURS for food in the U.S. alone.

Megalovegan

Accusa neonazista di neonazismo: propaganda di *People for the Ethical Treatment of Animals* (PeTA) contro il consumo di carne. L'inventore di questo dittico, Matt Prescott (che sviluppa un parallelismo già usato da I.B. Singer e J.M. Coetzee), sceglie l'immagine di una malandata vacca africana ed evita per ovvie ragioni una Angus o una Hereford. In altre varianti accosta carcasse di maiali e pile di corpi di deportati, o batterie di polli e baracche di lager, ma soprattutto usa in modo autolegittimante e ricattatorio il fatto di aver perduto alcuni famigliari nell'Olocausto: "se lo dico io, dovete stare zitti...". Le numerose leggi di protezione degli animali votate dal Nazismo, e rimaste per lo più inattuate, avevano lo scopo mediatico di ampliare la distanza tassonomica e strutturale tra animali e sub-umani. L'attenzione e il rispetto per il predatore alfa e gli animali "nobili" era una vertiginosa *ignoratio elenchi* dei campi di concentramento, tanto che Göring arrivò ad affermare che chi commetteva vivisezione doveva essere internato in quegli stessi campi. Con analoga fallacia, l'eco-fascismo antiumanista e antispecista che utilizza la *reductio ad Hitlerum* ("mangiatori di carne = SS") si avvale dell'*argomentum ad personam* tipico della propaganda xenofoba e antisemita.

lacuna afona sono tutte là, e sono tracce di resa, e sono tracce (anche) di resistenza.

Charlotte Beradt spiega bene come certe immagini diurne entrino nei sogni notturni e aiutino il regime ad arrivare dove non potrebbe arrivare mai, cioè nella vita privata di *tutti*. Allora quali immagini e quali sogni circolano oggi? L'apparato è lo stesso: didattica iconica, sospensione diegetica e promessa di libertà attraverso la "merce finale", il lavoro, quello "leggero", quello virtuale, quello quasi improduttivo, che libera non tanto in ottica calvinista (perché purifica) o economica (perché paga), ma semplicemente perché lavorare stanca (almeno un po'), e nel sonno, quello reale, quello metaforico, ci si libera di molte cose. Nel sonno però, ormai lo sappiamo, entrano gli agenti di ristrutturazione, i funzionari che ci rendono estranei alla nostra stessa esistenza. Scollegati da un'attività onirica personale siamo immersi in un onirismo diffuso in cui sogniamo ad occhi aperti le immagini che produciamo, le sogniamo perché le produciamo, le produciamo perché le sogniamo. I sogni sono *fuori*, e i nuovi *media* sono i diari notturni in cui li annotiamo, in cui ci liberiamo della fatica di immaginare in solitudine (come i vecchi poeti), di immaginare cose troppo personali, troppo plurali, troppo inappropriate. Un grande abbandono estatico al sonno totalitario, in cui sogniamo noi stessi come sogni altrui. Oppure i sogni di chi ancora sogna animali, come la farfalla di una bambina ebrea disegnata su un pezzetto di carta, prima delle fiamme.

Pleistocity

La città dopo la città

So much more than a groundbreaking
athlete, the Caveman has all the skills
needed to crush his enemies, in
competition and business.

CHECK INSIDE TO DRINK IN THE BODY
OF THE TRUE MODERN MALE ATHLETE.

Neandercar

Nel 2004 la compagnia di assicurazioni automobilistiche Geico affida a Joe Lawson della Martin Agency una nuova campagna pubblicitaria. Il testimonial è un Neanderthal che si muove nel mondo d'oggi e che dimostra che anche un uomo delle caverne è capace di assicurarsi via web con Geico. Dal 2004 il personaggio si è evoluto, diventando sempre più *smart* e misurando nel tempo l'evoluzione della sensibilità del pubblico verso l'immaginario "paleo". Oggi assistiamo praticamente a una totale inversione di segno: il Neanderthal diventa nelle parole dello stesso Lawson una critica al *politically correct*, e da termine di paragone insultante passa a modello di virilità atletica in un mondo di pappemolli urbanizzate. L'aspetto interessante è che il Neanderthal di Geico, archetipo pubblicitario del *Paleolithic Turn*, è legato all'industria automobilistica. Come decine di spot promozionali che hanno declinato nell'arco di un decennio, e in tutti i modi possibili, il nesso automobile-selvatichezza, per nascondere l'essenziale: il marketing a quattro ruote ha fatto il giro di boa, la tecnologia robotica ha bisogno del *wild* per sdoganare il fatto che una macchina costa poche migliaia dollari per materiali e assemblaggio e più di 20.000 per vendere sogni di un altrove.

Atlanta GA: Paleoburg

Lavorare di meno lascia tempo per spostarsi, ma soprattutto libera schermi per l'immaginario, cartelloni pubblicitari in attesa di narrazioni in cui la città può sognare i propri sogni. Questi spazi di proiezione non vengono riempiti dalle imprese capitalistiche ma dalle persone che passano per strada, e alle imprese capitalistiche non resta che assecondarle. Al di là della diversità culturale, generazionale, individuale, le città sono immaginate e pensate attraverso rappresentazioni collettive. Queste rappresentazioni, egemoniche o subalterne, definiscono almeno in parte la "funzione" della città, dove funzione significa un'idea di "buon uso" (materiale e simbolico) dei suoi spazi, un sistema di modelli che determina gli sviluppi stessi del divenire urbano. Questo credo dell'abitare è rimasto fondamentalmente uguale a se stesso da Uruk alle metropoli razionali dell'Ottocento, e in assenza di schemi aggiornati la variante ottocentesca è sopravvissuta fino a oggi. Ma una serie di smottamenti economici, sociali, urbanistici sta creando rappresentazioni inedite. La città è sempre meno un polo dialettico chiaro. Tutto è città, ovunque, e l'anticittà (la Wilderness, la Sylva) non è più rintracciabile se non in forme parcellizzate, metaforiche. Qual è allora la funzione della città oggi? I modelli di città che stiamo usando sono all'altezza delle ultime mutazioni? Ci sono ancora le città?

Atlanta, come Berlino o Palermo, è una città postfunzionalista, pleistocenica e pirata. Non è New Babylon, ma lo è stata, solo per un attimo: lo spaesamento del nomade urbano è durato un

The Wilderness Downtown

The Wilderness Downtown è un progetto multimediale realizzato nel 2010 dal regista di video musicali Chris Milk assieme ad Aaron Koblin e a uno staff di Google. Essenzialmente inserisci il nome della tua via e sullo schermo si aprono varie finestre video che usano Google Maps e Streetview per ricreare un *setting* "unico e personalizzato". L'idea è che molta gente in America non vede più da anni o da una vita intera il quartiere della sua infanzia, e il video dovrebbe riportati laggiù e offrirti una "forte esperienza emotiva" sotto le note di *We Used to Wait* degli *Arcade Fire*. Nel paesaggio urbano il tuo io di allora corre per le vie con felpa e cappuccio tirato in testa. Non è chiaro se corri per gioco, per sport, o se invece stai fuggendo. Qualcosa di vagamente inquietante nel volto-non volto fa pensare a una catastrofe in arrivo. E infatti sei inseguito da uno stormo di uccelli neri, e gli uccelli neri a un certo punto scendono in picchiata e si schiantano al suolo. Da ogni schianto nasce un albero, e in un attimo il tuo vecchio quartiere si trasforma in una foresta selvatica. Tutti gli ingredienti sono al loro posto: *Sweet Home Alabama*, un io ribelle in fuga dal passato, i neri pensieri sublimati in rinascita verde, il rito di passaggio, l'apocalisse urbana, la regressione salvifica nella Wilderness. *Ite, missa est.*

soffio, al disancoramento di una generazione dimenticata è seguito un ennesimo radicamento, e ora più che mai le svolte iconiche seguono i ritmi stagionali della *civitas on line*. Le reti urbane, neuronali, informatiche si clonano a vicenda, il neobabilonese Constant, la crisi della presenza-assenza, l'anaciclosi gitana e il capitalismo punk sono solo *gadget* intellettuali che spiegano Parigi come può farlo un modellino della Tour Eiffel. Non ci sono più spazi di amnesia urbana nel panopticon GPS/Google Maps, la città liquida o gassosa è una metafora dalle gambe corte, la psicogeografia situazionista e le derive degli Stalker sono la fiaba della nonna, l'invisibilità di Calvino è tutta nella scrittura. *So what?* Da un lato Le Corbusier e il Lego, dall'altro panegirici-palinodie dei *terrains vagues*, dei terzi paesaggi, della società ludica, dei nomadismi a perdere. E in questa morsa dialettica appagante (spazi e antispazi) si dimenticano le tattiche di resistenza delle comunità-monadi, fatte di disoccupati, sottoimpiegati, *flâneur* occasionali, che rovesciano in rete tonnellate di informazioni, profili, megadati, usati contro di loro per indebitarli ancora di più, ma che determinano anche un poderoso *overload* digitale che somiglia sempre di più al suo contrario: la disconnessione, il Paleolitico *off line*.

Così, mentre "loro" complottano in rete pescando gusti, tendenze e schizofrenie, qui da "noi" si sta verificando qualcosa di assolutamente inedito: la massima scelta che paralizza ogni scelta. La biopolitica dal basso, insomma, l'ipermercato delle libertà, ma anche il surdarwinismo della selva, la Tortuga globale. Perché un mondo d'informazioni "ovunque e sempre" non è Babele, ma Ebla: basta scavare in basso invece di puntare il naso alle *cloud*, e in basso c'è sempre solo *Homo*, che caccia e consuma immagini da quando è *sapiens*. Sono proprio le città a ricordarcelo, le città che stanno provando a chiudere il cerchio con *hipsters* dalla barba primitiva e Troyan-SUV inoculatori di Wilderness. Messaggio forte e chiaro: il Neolitico è in frantumi. L'assenza di presenza di facebook, lo schermo che ci scherma da tutto, la pausa pranzo tenendo per mano uno *smartphone* producono alienazione e solitudine, ma sono la stessa alienazione e

Beard Meme Generator

Un altro archetipo pubblicitario: Jonathan Goldsmith interpreta dal 2006 *The Most Interesting Man in the World* per la birra Dos Equis. Pseudo-eroe d'ispirazione hemingwayana, gentleman ironico e irriverente, ha fatto lievitare i profitti diventando un'icona-*meme* del web. Soprattutto, mentre ci ricordava che la vita va vissuta intensamente, preparava la versione *reloaded* del binomio barba-avventura. Fino all'esplosione 2014: barba e computer, barba e SUV, barba e tavolo aziendale, barba e passerella fashion. Prima corta e curata, la rassicurante barba ippocratica dell'uomo di scienza, poi sempre più folta, più lunga, fino a misure talebane. Risposta del Tardo Occidente all'imam e al maschio di *Vikings*? Maschera irsuta di identità in transito, *body-app* per acquisire saggezza da giovani, etnicizzante dopo il tattoo e il piercing? O pelurie eversiva, tattica di resistenza dal basso, che ci ricorda che nel Giardino-prigione gira sempre un Serpente-grimaldello? No. La barba 2014 è un *landmark*, è un "non-oltre" subliminale che ci ricorda che la Wilderness si è smaterializzata come una merce qualunque. Lasciando un residuo: la barba. Metonimia del selvatico, incorporazione del fuori, la barba 2014 è la Bestia perfettamente addomesticata, è il massimo di eversione concesso.

solitudine che serviva a un cacciatore-raccoglitore per camminare lungo le piste della selvaggina. La trance affettiva, culturale e sociale del neocinegetico è un *Paleolithic Turn*, un Pleistocene attuale che realizza il sogno più elementare dell'Apocalisse: "volete scommettere? io me la cavo, voi no". Una poetica della resistenza nata nei nonluoghi di Augé per separare Wolverine da Nonna Papera. E degli *Hunter games* molto reali fatti di "sopravviventi" e "inoperosi" che si contendono il primato del cibo, del sesso e dell'informazione.

Oggi Atlanta, Berlino o Palermo sono Paleoburg. Lo si vede nei cartelloni pubblicitari dei telefoni, delle macchine e dei panini, e non perché la tecnologia è un fossile in ritardo sull'immaginario o perché la fame superflua imita la fame atavica, ma perché le immagini nelle città sono Lascaux *today*. Atlanta come Altamira: pubblicitari, grafici, *storytellers* viaggiano di terra in terra in gilde di creativi erranti, e dipingono cosmografie effimere secondo i bisogni delle committenze locali. Nessuno sa i loro nomi, ma siamo noi a pagarli, perché senza di loro le nostre città sarebbero solo città. Invece le loro immagini rapprendono i nostri sogni, li lanciano come fionde più in là del muro di Gaza. E, checché se ne dica, in quanto *image-makers* non sono mossi da interesse e convenienza, ma dall'arte rabdomantica di anticipare un bisogno metafisico, di far gemmare nelle nostre teste delle catene d'immagini che sono domande di altrove nell'aldiqua. Paleoburg è questa doppia volta del cranio e della caverna nella declinazione urbana più recente. Tanto che ormai non c'è più bisogno di Neanderthal o *Green Men* incistati in un Land Rover o in un padre di famiglia. La Wilderness 2.0 è tutto l'apparecchio visuale della città, un santuario paleolitico sepolto nel cuore gassoso della mediasfera.

Dublin GA: Zombieville

Ma dove sono gli animali, non quelli che funzionano da sempre come una zoologia del sé, quelli che vengono come il Felino la notte, per divorarci, per aiutarci a separare la Bella dalla Bestia?

The Grandmaster IV

"Dad of the Dead", George Romero, icona pop di se stesso. Nello scavo delle origini della cultura postmoderna, *Night of the Living Dead* (1968) e *L'Anti-Œdipe* (1972) di Deleuze e Guattari si trovano nello stesso strato archeologico. Forse la cosa non ci autorizza a leggere l'uno con l'altro, ma sappiamo anche che la critica al capitalismo del primo e la nozione di zombie nel secondo sono quella che il professor Challenger chiamerebbe una "doppia articolazione". È allora interessante notare che Deleuze e Guattari definiscono Edipo uno zombie, non solo per l'inestricabile nesso tra capitalismo e istinto di morte, ma per l'idea stessa di morte in *slow motion*, un'incertezza ossessiva tra la vita e la morte in cui l'ego galleggia prossimo alla stasi. In modo speculare, Romero inventa un limbo senza uscita in cui lo zombie si muove come un grosso fantoccio edipico, guidato da una *libido* meccanica, da un mero istinto di consunzione. Ma è con *Dawn of the Dead* (1978) che Romero codifica il vero tratto essenziale del genere: la riduzione del confine ontologico tra vivi non-vivi e morti non-morti, il nesso-specchio tra consumatore passivo e merce animata. Così facendo, però, ha regalato al Capitale un perfetto antispazio dialettico, ovviamente assimilato e riusato dal sistema.

Dublin in Georgia è un esercizio di lettura. Il signor Palomar scende dalla Nissan champagne metallizzata per sgranchirsi le gambe nel suo viaggio verso Savannah. Fa due passi nel centro, che non è quello che usualmente definirebbe un centro, comincia a guardare gli edifici bassi di mattoni, le vetrine dei negozi, il *diner* all'angolo, i motel, i parcheggi semivuoti. Più si perde a contemplare l'architettura, gli spazi, le facce della città e più gli sfugge quello che alcuni chiamano il *genius loci*: cos'ha Dublin di così... *uncanny*? D'accordo, c'è questa atmosfera di città imbalsamata agli anni Cinquanta; c'è il tuffo d'angoscia nel pensare che la gente che ci abita anche per tutta una vita, tutti i giorni dell'anno, tutti i minuti del giorno, la considera in qualche modo *normale*; c'è la domanda che ritorna a ogni negozio vuoto, a ogni edificio sfitto: "ma cosa ci fanno qui?"; e forse c'è anche la tentazione antropologica di vedere in quel crocevia di edifici consumati un caso di studio, la metonimia di qualcos'altro che potrebbe svelare l'essenza segreta dell'America. Ma Dublin resiste, è refrattaria come una facciata di mattoni su cui sbiadisce da più di mezzo secolo un affresco pubblicitario della Coca Cola. Il signor Palomar risale sulla Nissan e stempera la frustrazione che gli preme in gola immaginando ostriche fritte e mint julep nelle luci dorate di Savannah.

Buon per lui, davvero. Ma il signor Palomar non poteva sapere che la cittadina che ha appena attraversato sarebbe un set ideale per una serie TV sull'apocalisse zombie. *The Walking Dead* si svolge praticamente tutto in Georgia, e in qualche modo Dublin è un *déjà vu* di città dopo la città, uno *shining* della cultura cinematografica che mette in corto circuito passato prossimo, futuro anteriore e un ipotetico presente postumano. Impossibile leggere gli edifici *tired*, le insegne *vintage*, i negozi *five and dime*, senza l'ipotesto iconico del *zombie movie*. Ma è qui che nasce una domanda di segno opposto. Perché il *setting* di genere sceglie proprio *questa* America, ordinaria, periferica, *good old days*? Forse perché lo zombie, ancor prima di incarnare un fascio di irrisolti ontologici e tassonomici, funziona come un virus per aggredire l'America postmoderna, per innescare almeno nell'utopia cinematografica

Automatic Zombie Bricks

Da metafora del capitalismo a prodotto del capitalismo: lo zombie in tutte le salse. Serie TV, modellini, giocattoli, turismo horror, gastronomia, parate, eventi sportivi, fumetti, letteratura, videogames. E convegni universitari, tesi di dottorato, monografie, di filosofi, sociologi, antropologi. Un altro mattoncino nel muro. Da virus politico a sedativo batteriologico. Da Selvaggio spietato a buon Selvaggio. In *Survival of the Dead* (2009), Romero inventa appunto una specie di riserva indiana in cui gli zombie non sono eliminati ma vengono trattenuti in attesa di un miracoloso vaccino. Protetti, rieducati a mangiare carne animale, oggetto di pietà e di affetto da parte dei loro cari ancora vivi. Ma così la minoranza etnica degli zombie fa la stessa fine dei "selvaggi" fotografati da Jimmy Nelson in *Before They Pass Away* (2013), un catalogo di prodotti etnici di consumo in cui Masai, Etiopi, Pigmei, Chukchi, Karo ecc. sono fotografati con luce, composizione e finalità estetiche identiche a quelle del *food porn*. E non per la solita "americanata" superficiale, ma per fare pedagogia come con gli animali di Esopo, dove la morale della fiaba è quella di sempre, stabilire i confini tra bene e male, bello e deforme, proprio e improprio. Il Selvaggio – e lo zombie – come prodotto educativo *glamour*.

un *reboot* reazionario verso l'America del mito, quella tra Grande Depressione e primo Boom economico. L'immaginario postapocalittico si declina allora in un mondo paleourbano dove la regressione può coincidere con una preistoria clanica pre-polvere da sparo, con una fuga rurale pre-industriale e pre-elettricità, o appunto con la buona vecchia America ormai scomparsa, quella del furgone del latte, del giornale lanciato dal ragazzo in bicicletta e della tazza di caffè sul bancone in fòrmica. Lo Zombie/Zio Sam ha allora una precisa funzione morale: congelare nello spazio e nel tempo tutte le Dublin della Nazione, additare i rari sopravvissuti come gli eletti per rifondare il mondo nuovo, divorare l'umanità debole e corrotta, esaltare i valori di resistenza, autarchia e sopravvivenza. Autentico animale-guida, lo zombie è il richiamo della foresta, è una segnatura della natura selvaggia in cui lo spirito americano si e forgiato e instancabilmente continua a rappresentarsi: *Wilderzombieness*.

Forse è per questo che nei film di Romero, a parte l'etica naïf che stabilisce un nesso evidente tra zombie e merce, tra morte in vita e putrefazione del capitalismo, viene snocciolato un catalogo degli spazi ordinari americani, un campionario che è al tempo stesso critica terzomondista del sistema e celebrazione nostalgica del locale, della provincia, del quotidiano *home sweet home*. Paladino transgender, subalterno e reazionario, lo zombie è il custode postremo di una città che conferma nel collasso i ruoli, le relazioni e le logiche di potere consolidate. Le frattaglie urbane che restano in scena dopo il cannibalismo apocalittico, il voyerismo *splatter* che si gioca in primo piano ma che non sporca le scenografie sullo sfondo, l'orrore estremo portato nel supermercato, nella cameretta dei bambini o nella chiesa di periferia, o anche all'opposto gli tsunami asiatici e Fukushima che trasformano in zombie le metropoli, sono tutti antispazi visuali che rafforzano gli spazi assertivi della Città e ne confermano la prossimità al nostro cuore. Se lo zombie è immagine dell'estinzione, le città postapocalittiche si riempiono di erbacce, si inscuriscono come denti cariati, si svuotano come conchiglie senza mollusco, ma restano fondamentalmente l'unico scenario

Apocalypse Dress Reharsal

Ebola e zombie. Il *Center for Disease Control* (CDC) di Atlanta adotta una ragazzina zombie edulcorata, più simile a un'adolescente emo che a una divoratrice di carne umana. Si tratta di una campagna autentica e seria: se vi preparate all'apocalisse dei morti viventi allora siete pronti per qualsiasi emergenza. Il modello della pandemia zombie è adottato a fini didattici e preventivi dai sistemi sanitari dei paesi occidentali. Ennesimo intreccio tra Hollywood e gestione sociale: lo stato di eccezione è preparato usando l'immaginario pop, il clima di catastrofe dietro l'angolo è coltivato nella terra di nessuno che separa il *reality* dalla realtà. In *The Walking Dead* (Stagione 1, Episodio 6) il CDC si autodistrugge come misura di sicurezza, ma l'unico sopravvissuto al suo interno fa a tempo a rivelare al protagonista che anche i vivi sono già stati infettati dal virus. Un doppio messaggio di ineluttabilità: l'unico luogo deputato a dare risposte (e soluzioni) scientifiche e tecnologicamente avanzate esplode; la pandemia è un fatto compiuto e ha colpito il 100% dell'umanità. Nel frattempo i tour e i pellegrinaggi alle *location* in cui è stata girata la serie TV contribuiscono a trasformare la *fiction* in una specie di passato prossimo che un giorno o l'altro potrebbe *riproporsi*. Preparati all'apocalisse o assuefatti all'emergenza?

solido in un deragliamento moltiplicato dei corpi. Nella deriva virale, carnale, fisiognomica, l'inorganico di case e palazzi è l'ultima certezza visuale che resta, ma in una forma non-morta/ non-vivente che diventa la radiografia *horror* delle nostre città, la veduta malinconica e perturbante della fine della *polis* neolitica e della sua ideologia.

Il signor Palomar non è mai stato un grande fan di Deleuze o dei *living dead movies*, per questo a Dublin GA non ha visto facce nelle case, edifici come corpi di non-morti, volti come facciate dalle finestre spente e dalle porte sfondate. Tuttavia, fuori da Dublin, si è messo a contare le carcasse di animali investiti dalle automobili: 7 armadilli, 2 gatti, 4 procioni, 1 cerbiatto. Nella schermata asettica da videogioco della Interstate 16 (asfalto come un marciapiede, mezzeria come un prato all'inglese, pareti d'alberi ai due lati come tappezzerie di gobelin), le intrusioni ispide dei piccoli cadaveri sembrano altrettante tappe di una caccia al tesoro macabra, una risalita verso un senso oscuro che il signor Palomar non riesce proprio a formalizzare. Una voce quasi primordiale gli sussurra che dovrebbe seguirle, ma il cartellone verde gli ha appena dato un buffetto: 31 miles per Savannah. Con un po' di fortuna sarà là per il drink.

Athens GA: Eventown

Tra i 35 e i 40.000 ogni anno. Intorno al 10 di agosto ritornano in città, il traffico quintuplica, le file ai supermercati diventano più lunghe, più giovani. L'anno accademico comincia presto. Sono gli studenti della University of Georgia, transumanti dopo la pausa estiva, un *baby boom* che nello spazio di qualche giorno ripete la rivoluzione demografica neolitica e riempie Athens di tutti i segnali tipici del *surplus* agrario. Oggi come 10.000 anni fa: i granai di Kroeger sono pieni da scoppiare, fumo d'incenso s'innalza dai templi metodisti, evangelici e presbiteriani, i dormitori degli studenti si allargano di anno in anno ai piedi della cittadella sacra, *associate* e *full professor* recitano

Woof!

Ritratto con cane di ceramica in giacca e cravatta, Athens GA. La "bull-dog nation" ha due opzioni: a) posare con una statua, b) posare con *tutte* le statue, andando a caccia di quelle che riesce a trovare in giro per la città. Senza sforzo, dato che un *link* di Google Maps è espressamente dedicato a questi grossi canidi *kitsch*. La geografia culturale (ogni statua è stata dipinta da un artista diverso) e quella economica (ogni statua è stata collocata davanti a un diverso esercizio commerciale) tendono a sovrapporsi ed enunciano la vocazione identitaria della città: l'enorme giro di affari legato al football e all'università è il liquido amniotico in cui avere e sapere, merce e conoscenza, cose e idee possono confondersi in maniera spettacolare. Athens è la città-spettacolo che incarna perfettamente la fenomenologia descritta da Debord: «L'alienazione dello spettatore a vantaggio dell'oggetto contemplato (che è il risultato della sua attività incosciente) si esprime così: più contempla meno vive; più accetta di riconoscersi nelle immagini dominanti del bisogno, meno comprende la propria esistenza e il proprio desiderio». I bulldog posticci di Athens sono icone asseveranti che, distribuite nei punti nevralgici di una geografia economico-istituzionale, lavorano sull'inconscio del cittadino-consumatore.

oracoli, i conflitti di casta si ricompongono nei ristoranti e nei pub. Ma c'è un problema: questa Uruk non ha un Gilgamesh, e allora c'è bisogno di un agglutinante identitario, che almeno questa volta non va cercato in tracce, segnature e indizi. Al contrario è spalmato praticamente ovunque con un'icona ossessiva rossonera, la G dei Georgia Bulldogs, la squadra di football non professionista dell'Università.

Non bisogna farsi ingannare. Il fenomeno va molto oltre la banale tifoseria. La metà della gente che indossa magliette dei Dawgs, che beve in tazze dei Dawgs, che appiccica sul retro della macchina adesivi dei Dawgs, non si sogna nemmeno per un secondo di andare allo stadio, e guarderà distrattamente la partita in TV o probabilmente non la guarderà affatto. Il punto è che G nera e bulldog bianco su fondo rosso sono un'icona-valvola che indica a seconda del contesto la squadra sportiva, l'appartenenza dello studente all'università, l'università stessa, la città di Athens e, a volte, l'intero stato della Georgia. La filiera metaforico-metonimica che lega piani e livelli e la nebulosità dei confini semantici fa sì che la G e il bulldog funzionino come un blasone, e dietro il blasone è ovviamente riconoscibile una divisa totemica che viene indossata in modo trasversale da tutti i gruppi sociali della città. Nel "Go Dawgs!" c'è un orgoglio che non è né campanilismo né coro da ultras, ma una variante locale del "proud to be American", un concetto tra i più imprendibili per l'occidentale europeo. Ma la cosa interessante, al di là delle analisi possibili, è il sistema di rimandi iconici di cui si veste la città per ricordare a se stessa di essere una. A parte bandiere, striscioni e gazebo, il vero feticcio onnipresente è Uga.

Uga è un bulldog maschio appartenente all'avvocato di Savannah Sonny Seiler, o meglio, è una dinastia di bulldogs bianchi, oggi arrivati a Uga IX, detto Russ, che servono da mascotte per la squadra di football. Quando Uga N muore, un pubblico di 90.000 spettatori si alza in piedi prima del *match* e osserva un minuto di silenzio. L'immortalità di Uga è però garantita, ancor prima che dalla linea genetica, dalle innumerevoli repliche in ghisa, gesso, vetroresina e cemento sparse un po' ovunque per la

The Grandmaster V

La tecnologia si autorappresenta e, in una suite all'Hilton, Ray Kurzweil invita spettatori privilegiati all'evento di se stesso e all'avvento della singolarità. L'hotel si trova ad Anaheim, California, a due passi da Disneyland. Due modelli simbiotici di intrattenimento e di ricodifica dell'immaginario: il futuro onnipotente e il passato onnipresente, il progetto e la memoria. Non tanto il vuoto vacuo e immaginario di Augé, quanto un turismo colto o incolto della vertigine, uno sbilanciarsi sull'altrove che ruba i sensi e il senso. La singolarità come evento finale, come risveglio cosciente dell'universo o di una superintelligenza attraverso nanorobot, è sviluppata in chiave sinistra e distopica in *Transcendence* (2014) di Wally Pfister e nella serie TV *Revolution* (2012-2014) di Eric Kripke. Ma, proprio come le invenzioni "umanitarie" di Kurzweil, il tema forte resta quello della malattia-guarigione, di una tecnologia protesica che cura l'individuo dalla morte e il pianeta dal collasso. Lo sciamano Kuna-Kurzweil recita un canto per lo più incomprensibile, e il pubblico-paziente interpreta secondo i propri bisogni gli aspetti latenti di quel canto. L'efficacia simbolica dei discorsi dei nuovi sciamani della poststoria a Silicon Valley non è nella loro abilità di *storyteller*, ma nella loro capacità di manipolare il dubbio, quindi la credenza.

città, dal giardino di casa al parco giochi, dal supermercato all'ambulatorio medico, fino alla serie limitata di pezzi unici *king size*, dipinti e acconciati in modi diversi, che fanno la guardia, lucidi e prognati, a una quarantina di esercizi pubblici e commerciali. La geografia *kitsch* disegnata dai mille Uga di Athens è un dispositivo complesso: *landmark*, *hashtag*, periferiche vicarie di una memoria identitaria diffusa. Ma sono solo la punta dell'iceberg di una cartografia di controllo. Agglomerato urbano in cui gli autoctoni sono una sorta di minoranza sfilacciata, popolazione in ricambio permanente, *college town* soggetta a "studentification" immobiliare, economica e culturale, Athens ha escogitato un modello per non diventare una vasta *fraternity house* o, peggio ancora, uno *student ghetto*. Essenzialmente ha risolto il problema trasformandosi in città-evento, inventando un calendario cerimoniale che copre l'intero anno accademico e che controlla il caos dell'onda studentesca intrecciando alle date canoniche (*labour day*, *halloween*, *christmas* ecc.) una fitta proposta di *match*, concerti e *snack* culturali. Su scala ancor più capillare sono i bar, i ristoranti e i locali (forse più di un migliaio) ad assorbire quotidianamente l'irrequietezza della diaspora.

Il modello-Athens è il modello planetario finale: Babilonia la Grande, Nuova Babilonia, Little Babilonia. Siamo già oltre la crisi del visibile, le mappature precarie e la complessità postmoderna di città come Los Angeles, con la sua doppia iperrealtà architettonica e simbolica. Oggi le distopie alla *Blade Runner* sembrano molto più lontane rispetto alle utopie contenitive di *Æon Flux* e *Divergent*. Lo *sprawling* e il disastro naturale che si spera che lo spazzi via, la megalopoli-carcinoma e la Wilderness-omeopatia che dovrebbe curarlo, sono modelli deficitari nella costruzione sociale del nuovo immaginario post-urbano. Oggi le città sono invisibili non perché sono realtà potenziali consegnate al sogno o all'incubo, ma perché la pratica dell'evento totale, come uno schermo che trasforma una parete vuota in un paesaggio alpino, rende superfluo guardarle. Cattedrali romaniche fatte per esserci per sempre o torte di cemento armato che si sbriciolano dal basso mentre qualcuno le costruisce tra le nuvole,

Obituary for Detroit

Visage-paysage zombie. Detroit diventa una città fantasma dopo il collasso dell'industria automobilistica. Nessun movimento di piazza, nessun "ritorno del corpo" nella metropoli capitalistica in disfacimento. Semplicemente un piano di abbandono delle *élites*, come nei molti film di fantascienza, da *WALL-E* (2008) a *Interstellar* (2014), in cui c'è un'arca e pochi posti contati. Nella serie TV *The 100* (2014-2015) la Terra, abbandonata e poi ricolonizzata da *teenager badass*, è il luogo di un confronto epico tra quattro *sample* di umanità: 100 giovani volitivi esiliati dalla stazione orbitante The Ark; i Grounders, umani scampati al disastro atomico e regrediti a uno stadio tribale; i Reapers, Grounders cannibali ridotti a uno stato ferino; i Mountain Men, eredi malati e senza scrupoli di un'oligarchia sopravvissuta dentro lussuosi rifugi antiatomici. Aristocratici, Sottoproletari, Borghesi e ovviamente la Meglio Gioventù che dovrebbe salvare la Terra, o per il momento solo Il Cairo, Istanbul e Hong Kong. Ma non Detroit. Come c'era da aspettarsi, la città è diventata un esperimento postindustriale dove urbanisti, speculatori, utopisti verdi e avventurieri surmoderni sono sciamati per dire che è il posto migliore in cui stare. Ma non la gente. E intanto con Detroit muore l'idea romantica di città.

La città dopo la città 133

sono nulla rispetto alla terza via di *Master Chef.* Canna palustre o acciaio non fanno "shelter", né "base", né "casa" quanto può farlo un filetto alla Wellington di Gordon Ramsay. Le cose più attuali nelle nostre città sono state sognate dai nostri padri e dai nostri nonni. Appena vengono realizzate, a dispetto di come appaiono, hanno il sapore di un aperitivo anni Settanta. Renzo Piano (n. 1937) e Zaha Hadid (n. 1950) sono prigionieri del tempo, un hamburger attraversa i millenni.

Si potrebbe allora scivolare nella retorica un po' snob e un po' reazionaria che enfatizza la solitudine della metropoli e della rete, che trova conforto nella parola "nomadismo" perché facendo di necessità virtù nobilita con unguenti tuareg uno *status quo* di sradicamento cronico. La città dormitorio e *bed & break-fast*, la casa usa e getta di Ikea, il deserto esistenziale che lascia solo ripari di fortuna, le solitudini in transito di Augé. Va bene. Ma non è questo che ha prodotto la fine della città, o della sua funzione storica, o della sua ragione sociale. La città che conoscevamo è finita perché tutto quello che c'è da vedere, e che vogliamo vedere, non è più la città, non è nemmeno l'imitazione, la simulazione, la scenografia della città. Portare la Wilderness ad Atlanta con un SUV o con un rischio pandemia, sguinzagliare mute di zombie per ricordare all'Occidente l'Apocalisse, riunire l'Utopia dei Pink Floyd, degli Stones o dei Rem per celebrare l'Isola-che-non-c'è, vuol dire clonare la città a partire dalle sue invenzioni. Questo significa che la città è diventata l'antispazio perfetto, il principio antagonista di autoassoluzione, ma poiché la gente è sempre più furba di se stessa, questo significa che per continuare a viverci è sufficiente ignorarla. Tu dove abiti? Un prosecco, grazie.

Iconocene

Gli uomini come specie si trovano da millenni al termine della loro evoluzione.

Walter Benjamin

Schermo nero. Musica elettronica, *Ambient 4 - On Land* di Brian Eno. Gocciolii, spazi sonori che si allargano, fruscii. Prima sequenza: una vecchia torre dell'acqua americana, la scritta ESTILL SC sulla vernice verde, macchie di ruggine. La cisterna scorre sulla sinistra, panoramica dall'alto, case ordinarie, quasi delle baracche. Poi un negozio. L'insegna al neon OPEN, la vetrina del negozio. Stacco. La mano di un Nero. Nella mano una bottiglia di MD 20/20 (*sponsor*). La bottiglia scivola dalla mano e si rompe in *slow motion*. Liquido azzurro sul marciapiede. Stazione di benzina. Ancora l'azzurro sul marciapiede, come liquido antigelo. Stacco. *Sharkey's Day* di Laurie Anderson, i primi 20 secondi. Le paludi, i cipressi. Alba di primordi. Un uomo vestito Marlboro (*sponsor*) rema su una canoa. Dettaglio del *rifle* sulle ginocchia. Panoramica a schiaffo. Un cervo nel folto. *Zoom* rapido. Il cervo volta la testa verso lo spettatore. Al suono di uno sparo camera fissa sull'immagine di un cervo dipinto. *Cave of Forgotten Dreams* di Ernst Reijseger. Una grotta. Mani preistoriche tengono torce, sfregano frammenti di carbone sulla roccia, penombra. Stacco. La mano del nero. *Jesus Blood Never Failed Me Yet* di Tom Waits. Il nero che si dondola come un folle seduto sul letto di un ospedale psichiatrico. Voce *off*, poco percepibile, poi audibile: *Fuck the real man, fuck the real*. Dissolvenza. Nero. Silenzio. Sempre in dissolvenza entra la scritta

bianca ANTISPACES. WILDERNESS APOCALYPSE UTO-
PIA, *A New Book by Matteo Meschiari*. Schermo nero. Fine.
L'episodio di Estill è completamente inventato: il nero
ubriaco, la bottiglia di MD 20/20, la frase cantilenata. Sono reali la torre dell'acqua, la miseria di un paese dove la popolazione
nera tocca l'80%, le paludi di Groton. Il resto è *storytelling* e *advertising communication theory*. Perché bisogna stare in guardia, bisogna fidarsi poco, soprattutto di chi fa *anthropofiction* per parlare del mondo contemporaneo. Ma il materiale raccolto sulle
pagine di sinistra è vero come può essere vera una mappa che
intrattiene con la realtà un rapporto simbolico, selettivo, sem-
plicistico, e che comunque è utile per salvarsi se ci si perde. Invece le pagine di destra sono gli appunti di una resistenza personale, la «confessione di uno schizoide». Ma la persona non è
mai una monade, è un'intersezione plurima dentro una rete
neuronale, una spugna tra liquidi che la eccedono e, senza volerlo, cattura dati sensibili che non le appartengono, che vengono da fuori. Certamente non è scienza, ma somiglia alle sue
premesse. E le premesse sono quanto di meglio e di più politico una scienza possa offrire. Il resto è solo un viaggio ipnotico
nell'inorganico.

Esistono zone d'indeterminazione concettuale, percettiva,
emozionale che l'uomo traduce spontaneamente in articolazioni
spaziali dialettiche. Per renderle più comprensibili e al tempo
stesso più ambigue, le carica d'immagini che sono tanto più
forti quanto più sono sganciate da una diegesi riconoscibile.
Questo le fa galleggiare nel senso senza che debbano sforzarsi
di produrre senso, disarticolate, neutralizzanti. E proprio per
questo riescono ad attivare nell'uomo una condizione di sospensione estatica, dentro il tempo e fuori dalla storia. Gli antispazi, che sono per essenza antistorici e antinarrativi, sono in-
nesco e collettore di questo galleggiamento estatico. Aperti davanti a una chiusura, sospesi davanti a qualcosa che non si dà,
trasformano l'attesa in noia, la politica in etica, l'etica in un
eterno aperitivo al crepuscolo: birrette che impediscono la rivoluzione, come dice Daniele Morello. Eppure in qualche modo

ci bastano, ci danno consolazione, perché nella povertà di mondo che abitiamo e che ci abita, spargono briciole di mondi altri, di altrove dai colori saturi, di simulacri di dopo. Sono come MD 20/20: conclusa la morte mediatica di Dio, Wilderness-Apocalisse-Utopia sono il *B side* del trascendente, ma di fatto realizzano un itinerario antropologico inverso a quello dell'essere al mondo. Collocando l'uomo in un limbo d'attesa, corrodono la fiducia dell'agire, imboniscono una Natura Madre che si ricicla in ecoballe mistiche, promettono una Fine del Mondo che ripulisce dalla bruttura umana come il deserto di Peter O'Toole in *Lawrence d'Arabia*, ci regalano un'America Celeste e una Cina Terrestre.

Viviamo in un momento chiave. Il tempo di Lascaux e il tempo poststorico del Tardo Occidente s'incontrano in un punto zero, si citano, si clonano. Entrambi negano la *History* e scelgono la *Story*, trascendono la *Story* e scelgono lo *Snapshot* iconico, mentre l'uso che fanno delle immagini è finalizzato alla pura sopravvivenza della specie. L'unica differenza è di ordine demografico: per ovvie ragioni antropotecniche, la criptostoria della cultura occidentale è quella del passaggio da una gestione autarchica e anarcocomunista delle immagini a un loro governo colonialista e totalitario. Da immagini-*aide mémoire* ancora sorgive e produttive di senso a immagini-bozzolo-senza-crisalide, diaframmi senza flusso spermatico, punti ciechi, non-specchi, non-vedere. Per Lascaux e per il Tardo Occidente queste immagini estatiche funzionano come energia consolatoria contro la noia dell'Era glaciale e dell'Era capitalista, *The Big Chill* di Kasdan, appunto. E la consolazione, si tratti di MD 20/20, di *Guerra e pace* di Tolstoj o di una cena da Bottura, è una declinazione chiara dello stordimento animale heideggeriano. Anche la zecca di Uexküll si consola del suo altrimenti-non-esserci con il sangue del cane su cui si lascia cadere, mentre nei centomila Estill costruiti per non esistere, le poetiche del ritardare e del ritardante praticano l'interruzione dell'umano, consolandolo.

Happy Ending. Esiste un *surplus* dell'immagine completamente imprevisto, completamente immanipolabile, come l'arrivo di un amore. Jean Luc Nancy ha evocato un ponte d'intensità tra la comunità degli amanti e certi momenti di effervescenza sociale in cui la democrazia senza sovrano festeggia se stessa, come nel 1789, o nel 1968. In modo non chiaro suggerisce che il ponte è appunto un transito, e che cioè le due cose non sono in semplice rapporto metaforico: la comunità degli amanti si riflette nella prassi, nel fare di certi momenti sociali allargati, e viceversa, perché la società in mancanza d'affetti si rivolge alla comunità degli amanti per compensare un vuoto del sentire. La chiave di volta di questo ponte è che continuiamo a essere soggetti di desiderio, e che il desiderio è l'antinorma, o almeno una certa forza portatrice di anomia. Parlando dell'opposizione tra la coppia estetico-erotica di Achille e Briseide e di quella giuridico-genealogica di Agamennone e Clitemnestra, Nancy propone una dialettica tra quelle che potrebbero dirsi coppie di desiderio e coppie di diritto. Se la circolazione di affetti e le corrispondenti mancanze di affetti (o "sensi", se vogliamo riguadagnare la dimensione sensibile del corpo) sono legate da un nesso metonimico, la coppia erotico-estetica (di qui il rimprovero sociale che attira) è il momento in cui il soggetto desiderante critica (muove a crisi) la norma famigliare, genealogica, statale. Negando la verticalità dell'essere per procreare, isolando il godimento e l'estetica e rendendole appannaggio esclusivo ed escludente di una coppia inoperosa, introduce il disordine dei sentimenti "inutili" nell'ordine del castello sociale. Christian Petr ha scritto un elogio del traditore non per semplice decostruzione, ma perché solo in regime d'incoerenza, contraddizione, bilico, dissidenza di affetti si può contrapporre il soggetto desiderante al soggetto di diritto, e aprire in sé quelle moltitudini del sentire di cui parlava Whitman, e quindi provare a smettere di essere massa di autoconservazione biologica. Amare contro ragione, farsi sconvenienti nel mondo, è anche il modo che resta all'individuo per reagire al corpo morto sociale. Quando D'Annunzio, passando dall'ala di destra all'ala di sinistra del Parlamento, si giustificò dicendo «vado verso la vita», era per dire che la politica era in mancanza d'amore. Se il prezzo è l'incoerenza sociale, il compromesso irriducibile e logorante tra due anime nella stessa anima, se si deve pagare tutto in fatiche d'amore, forse ci sono ragioni anche allargate per decidere di farlo. Cominciando a riamare le immagini vive, quelle che *raccontano storie*.

The Real Happy Ending. INCIPIT NEGHENTOPIA. In una terra abitata da animali pericolosi e da popoli di cui nessuno aveva mai sentito parlare, viveva un ragazzo di tredici anni. Il suo nome nella nostra lingua non ha equivalenti, ma noi lo chiameremo Lucius, perché amava la luce e sapeva come usarla. Lucius era un sicario e, per quanto ne so, era uno dei migliori. [*continua...*]

Modena | Athens 2015

Letture

B. ACCARINO, *Zoologia politica. Favole, mostri e macchine*, Milano, Mimesis, 2013.

G. AGAMBEN, *L'aperto. L'uomo e l'animale*, Torino, Bollati Boringhieri, 2002.

——, *Lo stato di eccezione*, Torino, Bollati Boringhieri, 2003.

——, *Stasis. La guerra civile come paradigma politico*, Torino, Bollati Boringhieri, 2015.

S. ARCAGNI, *Oltre il cinema. Metropoli e media*, Torino, Kaplan, 2010.

——, *Screen City*, Roma, Bulzoni, 2012.

H. BELTING, *Antropologia delle immagini*, Roma, Carocci, 2013.

M. BINELLI, *Detroit City is the Place to Be. The Afterlife of an American Metropolis*, New York, Picador, 2013.

W. BENJAMIN, *L'opera d'arte nell'epoca della sua riproducibilità tecnica*, Torino, Einaudi, 2000.

C. BERADT, *Il terzo Reich dei sogni*, Torino, Einaudi, 1991.

J. BERGER, *Sul Guardare*, Milano, Bruno Mondadori, 2003.

——, *Modi di vedere*, Torino, Bollati Boringhieri, 2004.

A. BEYER, *Portraits: A History*, New York, Harry N. Abrams, 2003.

T. BOELLSTORFF - B. NARDI - C. PEARCE - T.L. TYALOR (eds), *Ethnography and Virtual Worlds*, Oxford, Princeton University Press, 2012.

R. BRAIDOTTI, *The Posthuman*, Hoboken, Wiley & Sons, 2013.

M. BROOKS, *The Zombie Survival Guide. Complete Protection from the Living Dead*, New York, Broadway Books, 2003.

F. CARERI, *Constant. New Babylon, una città nomade*, Roma, Testo & Immagine, 2001.

C. CHILDS, *Apocalyptic Planet: Field Guide to the Future of the Earth*, New York, Random House, 2013.

F. CIMATTI, *Filosofia dell'animalità*, Roma-Bari, Laterza, 2013.

M. COMETA, *Visioni della fine. Apocalissi, catastrofi, estinzioni*, Palermo, :duepunti, 2004.

M. CORRADO, *Il sentiero dell'architettura porta nella foresta*, Milano, Franco Angeli, 2012.

M. CORRADO - F. GORI - M. MESCHIARI (a cura di), *Paleolithic Turn*, Bologna, Plei-stocity Press, 2015.

S. D'ONOFRIO, *Le Sauvage et son double*, Paris, Les Belles Lettres, 2011.

G. DEBORD, *La società dello spettacolo*, Viterbo, Stampa alternativa, 1995.

G. DELEUZE - F. GUATTARI, *Mille piani*, a cura di G. Passerone, Roma, Cooper & Castelvecchi, 2003.

J. DERRIDA, *L'animale che dunque sono*, Milano, Jaca Book, 2006.

J. DIAMOND, *Collasso. Come le società scelgono di morire o vivere*, Torino, Einaudi, 2004.

G. DIDI-HUBERMAN, *Come le lucciole. Una politica delle sopravvivenze*, Torino, Bollati Boringhieri, 2010.

——, *Scorze*, Roma, Nottetempo, 2014.

A. DURANTI, *Etnopragmatica. La forza nel parlare*, Roma, Carocci, 2007.

F. FARINELLI, *L'invenzione della Terra*, Palermo, Sellerio, 2007.

P.K. FEYERABEND, *Contro il metodo. Abbozzo di una teoria anarchica della conoscenza*, Milano, Feltrinelli, 1979.

L.A. FRIEDLER, *Freaks. Miti e immagini dell'io segreto*, Milano, Il Saggiatore, 2009.

E. GOFFMAN, *Stigma. L'identità negata*, Verona, ombre corte, 2003.

L.G. HERMAN, *Future Primal: How Our Wilderness Origins Show Us the Way Forward*, Novato, New World Library, 2013.

H.A. HORST - D. MILLER (eds), *Digital Anthropology*, London, Bloomsbury, 2012.

T. INGOLD, *The Perception of the Environment: Essays in Livelihood, Dwelling and Skill*, London, Routledge, 2000.

V. KLEMPERER, *LTI. La lingua del Terzo Reich. Taccuino di un filologo*, Firenze, Giun-tina, 2010.

E. KOHN, *How Forests Think: Toward an Anthropology Beyond the Human*, Berkeley, University of California Press, 2013.

R.V. KOZINETS, *Netnography. Doing Ethnographic Research Online*, London, Sage, 2010.

R. KURZWEIL, *La singolarità è vicina*, Milano, Apogeo Education, 2013.

F. LA CECLA, *Contro l'urbanistica*, Torino, Einaudi, 2015.

J. LEWIS, *Global Media Apocalypse: Pleasure, Violence and the Cultural Imaginings of Doom*, New York, Palgrave Macmillan, 2012.

M. LINO, *L'apocalisse postmoderna tra letteratura e cinema. Catastrofi oggetti metropoli corpi*, Firenze, Le Lettere, 2014.

B. LOPEZ (ed.), *Home Ground: Language for an American Landscape*, San Antonio, Trinity University Press, 2006.

R. LUPPICINI (ed), *Handbook of Research on Technoself: Identity in a Technological Society*, Hershey PA, IGI Global, 2013.

S. LYNG (ed.), *Edgework: The Sociology of Risk-Taking*, London-New York, Routledge, 2004.

D. MANGANO, *Ikea*, Milano, Doppiozero, 2014, (e-book).

L. MARIN, *Le Portrait du roi*, Paris, Éditions de Minuit, 1981.

G. MARRONE, *Figure di città. Spazi urbani e discorsi sociali*, Milano, Mimesis, 2013.

W.J.T. MITCHELL, *Cloning Terror. La guerra delle immagini. Dall'11 settembre a oggi*, a cura di F. Gori, Firenze, Volo, 2012.

J.L. NANCY, *La comunità inoperosa*, Roma, Cronopio, 2003.

A. REHILL, *The Apocalypse is Everywhere: A Popular History of America's Favorite Nightmare*, Santa Barbara, ABC-CLIO, 2009.

C. SALMON, *Storytelling. La fabbrica delle storie*, Roma, Fazi, 2008.

C. SEVERI, *Il percorso e la voce. Un'antropologia della memoria*, Torino, Einaudi, 2004.

P. SHEPARD, *Thinking Animals: Animals and the Development of Human Intelligence*, Athens, University of Georgia Press, 2011.

G. SNYDER, *The Practice of the Wild*, Berkeley, Counterpoint Press, 2010.

C. TARANTINO - A. STRANIERO, *La bella e la bestia. Il tipo umano nell'antropologia liberale*, Milano, Mimesis, 2014.

N.M. UNDERBERG - E. ZORN, *Digital Ethnography. Antropology, Narrative, and New Media*, Austin, University of Texas Press, 2013.

A. WARBURG, *Il rituale del serpente. Una relazione di viaggio*, Milano, Adelphi, 1998.

J.-J. WUNENBURGER, *Filosofia delle immagini*, Torino, Einaudi, 1999.

J. ZERZAN, *Primitivo attuale. 5 saggi sul rifiuto della civiltà*, Viterbo, Stampa alternativa, 2004.

Pleistocity Press Project

1. AA.VV., *Paleolithic Turn*, 2015.

2. M. MESCHIARI, *Antispazi. Wilderness Apocalisse Utopia*, 2015.

3. M. MESCHIARI, *LMT. How Landscape Invented Mind*, 2015.